大江将貴［著］

学ぶことを選んだ少年たち

非行からの離脱へたどる道のり

晃洋書房

目次

序章　問題の背景

犯罪・非行からの離脱は、現代日本社会において重要な政策課題として位置付けられている。その一例として、二〇一二年に内閣府の犯罪対策閣僚会議によって再犯防止推進計画が策定されたことをあげることができる。なかでも、非行少年への学びの継続には高い関心が向けられている。二〇一七年に策定された「再犯防止推進計画」では七つの重点課題が示されており、その一つに「学校等と連携した修学支援の実施等」があげられている。具体的施策として、高等学校の中退防止や就労支援[*1]とともに、矯正施設内における高卒認定試験の実施、少年院における教科指導の充実、少年院出院後の修学に向けた相談支援・情報提供、少年院在院中の高等学校等の受験に係る調整があげられており、非行少年の学び直しに関するものが含まれている。そして、二〇一九年には法務省が「保護観察・少年院送致となった生徒の復学・進学等に向けた支援について」、文部科学省が『再犯防止推進計画』を受けた児童生徒に係る取組の充実について」をそれぞれ公表している[*2]。

さらに、近年では、非行少年の学び直しに対して社会的な関心も向けられ始めている。たとえば、少年院での高校教育導入に関する議論の過程は、新聞報道にも取り上げられている（『朝日新聞』2020. 6. 26 朝刊、37面；『毎日新聞』2021. 5. 5 東京朝刊、1面など）。この議論の背景には、高卒学歴を持たないことが社会からの排除につながる現状（酒井 2015）がある[*3]。新聞報道上でも、「高校卒業程度の学力を就職の条件としている企業は多い」（『毎日新聞』2021. 5. 5 東京朝刊、1面）とあるように、就職するためにも「高卒」は重要になってくる。なお就労は、犯罪・非行からの離脱を促進する要因（Sampson and Laub 1993; 法務省法務総合研究所 2011など）とされてきた。にもかかわらず、高卒学歴がないことでそれを達成できない状況が生じている。すなわち、現代日本社会における犯罪・非行からの離脱を考えるうえで、犯罪者や非行少年の高卒学歴の問題を無視することはできなくなっている。

それでは、少年たちは、どのように学びを継続しているのだろうか。非行少年の学び直しへの関心は高まっていながらも、そのプロセスはあまり明らかにされているとはいえない。

具体的な分析に先立ち本章では、少年院における出院者の状況や進路状況、少年院における社会復帰支援の一つである修学支援といった少年院出院者をめぐる現状を記述していく。

1　少年院出院者の現状

1－1　出院者数の推移

まず、出院者数の推移を確認する[*4]（図0-1）。近年、少年院の出院者数は減少傾向が続いている。出院者が減少しているということは、少年院への入院者が減少していることの裏返しでもある[*5]。

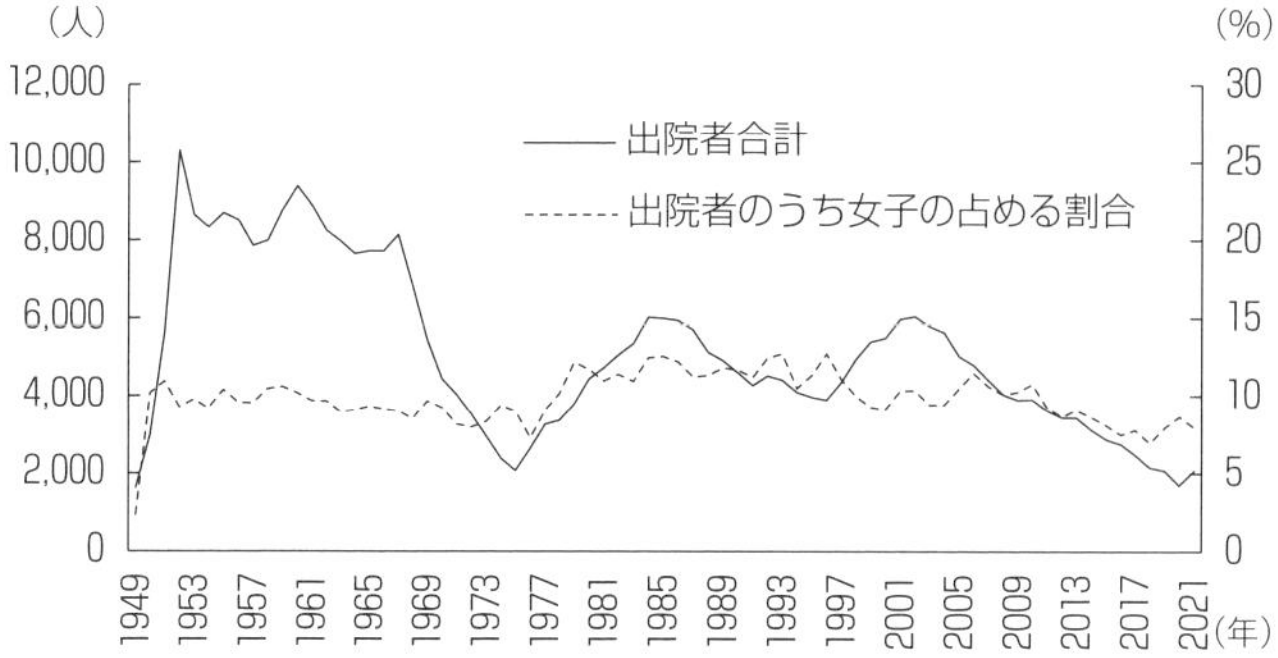

図０－１　少年院出院者数の推移（1949～2021年）

「矯正統計年報」をもとに筆者作成

注：1949年から1957年分は法務省「少年矯正統計年報」，1958年から2007年分は法務省「矯正統計年報」を参照した．2008年以降は，e-Statで公開されている「少年矯正統計表」をもとに作成した．なお，1965年の「矯正統計年報」より退院の内訳が，満齢，期間満了，委員会の決定の３カテゴリーに区分されるようになった．この図では，３カテゴリーを合計した数を退院者としてカウントしている．

なお出院者のうち、女子が占める割合は約一〇%で推移を続けている[*6]。

出院者が最も多かったのは、一九五二年の一万二九七名である。その後、一九六〇年代後半にかけて増減を繰り返している。一九六〇年代後半から一九七〇年代前半にかけて、急激に減少をみせる（最も少なかったのは、一九七五年の二〇六六名）。一九七〇年代中盤から一九八〇年代中盤にかけて再び増加する（最も多かったのは、一九八四年の六〇二八名）。一九八〇年代後半から一九九〇年代中盤は微増微減しながら、四〇〇〇名前後で推移を続けている。一九九〇年代後半から二〇〇〇年代序盤に再び増加する（最も多かったのは二〇〇二年の六〇四三名）。その後、現在まで、減少傾向が続いている[*7]。二〇二一年時点での出院者は一五六七名であった。

1－2　出院者の進路状況

次に、少年院出院者の進路状況を確認する（図

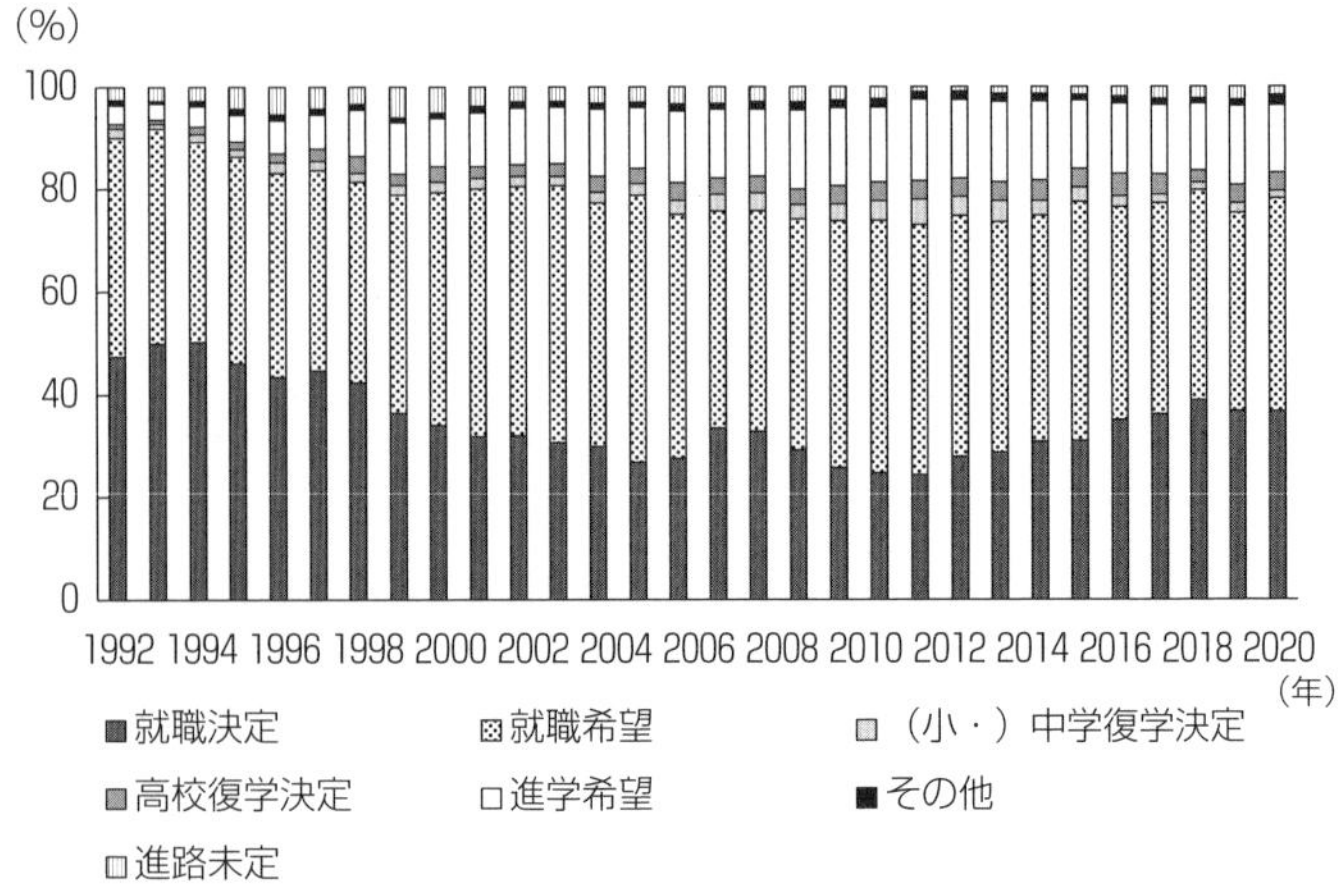

図0－2　出院者の進路状況(1992～2021年)

「矯正統計年報」より筆者作成

0-2)。「矯正統計年報」では、一九九二年分より現在とほぼ同様の区分で出院者の進路状況が記録されている[8]ため、ここでは一九九二年から二〇二一年分までの状況を示す。

進路の内訳をみてみると、就職決定や就職希望といった就職関連の進路が約八〇%を占めている状況は、一九九二年時点から大きくは変化していない。また、(小・)中学復学決定と高校復学決定の割合も、一九九二年時点から大きな変化は見られない(前者が約二%、後者が約四%)。

他方で、進学希望は一九九六年以降、徐々にその割合が増加している。二〇二一年時点で、出院後の進路を進学希望としている少年は、約一三%(出院者一五六七名)である(一九九二年は約三・六%、出院者四五一九名)。この統計から進学希望先の学校種を把握することはできない。ただ、少年院入院者の最も多い学歴は高校中退であることからも[9]、少年たちの進学希望先は高校以上を想定しているものと考えられる。

1－3　少年院内における修学支援

少年院では、非行傾向の改善を目的とした矯正教育が行われている。矯正教育は、生活指導、職業指導、教科指導、体育指導、特別活動指導の五つの領域から構成される（法務省法務総合研究所 2020: 128）。二〇一五年の少年院法改正に伴い、矯正教育の実施に加え、社会復帰支援が少年院の業務として位置付けられることになった。

少年院内では就労支援を中心として行われてきたが、近年では修学支援も重視されるようになってきた。社会復帰支援における修学支援の例として、高校卒業程度認定試験（以下、「高卒認定試験」と表記する）があげられる。二〇〇七年度から少年院で高卒認定試験の受験が可能となった。高卒認定試験の受験は、学力の向上を図ることが円滑な社会復帰に特に資する少年に対して行われる（田中ほか 2021）。ここでは、「矯正統計年報」に記載が始まる二〇〇九年以降の高卒認定試験一部科目合格者・合格者の推移を確認する（図0-3）。

一部科目合格者も認定試験合格者も増加傾向にあるといえる[*10]。二〇一七年から二〇一八年にかけて、いずれも急激な増加をみせている。

高卒認定を受けることのメリットとしては、大学入試や資格試験の受験資格が得られること、「高卒以上」の企業に応募できるなど進路選択の幅が広がる（仲野 2021）ことがあげられる。

他方で、高卒認定試験のデメリットとして、あくまで高校「程度」に過ぎず、高校卒業者として扱ってもらえない可能性が指摘されている[*11]（田中ほか 2021）。また、一部科目合格者が一定程度を占めているように、全員が高卒認定を取得しているわけではない。一部科目合格者は、出院後の継続的な学習が課題となる（田中ほか 2021）。

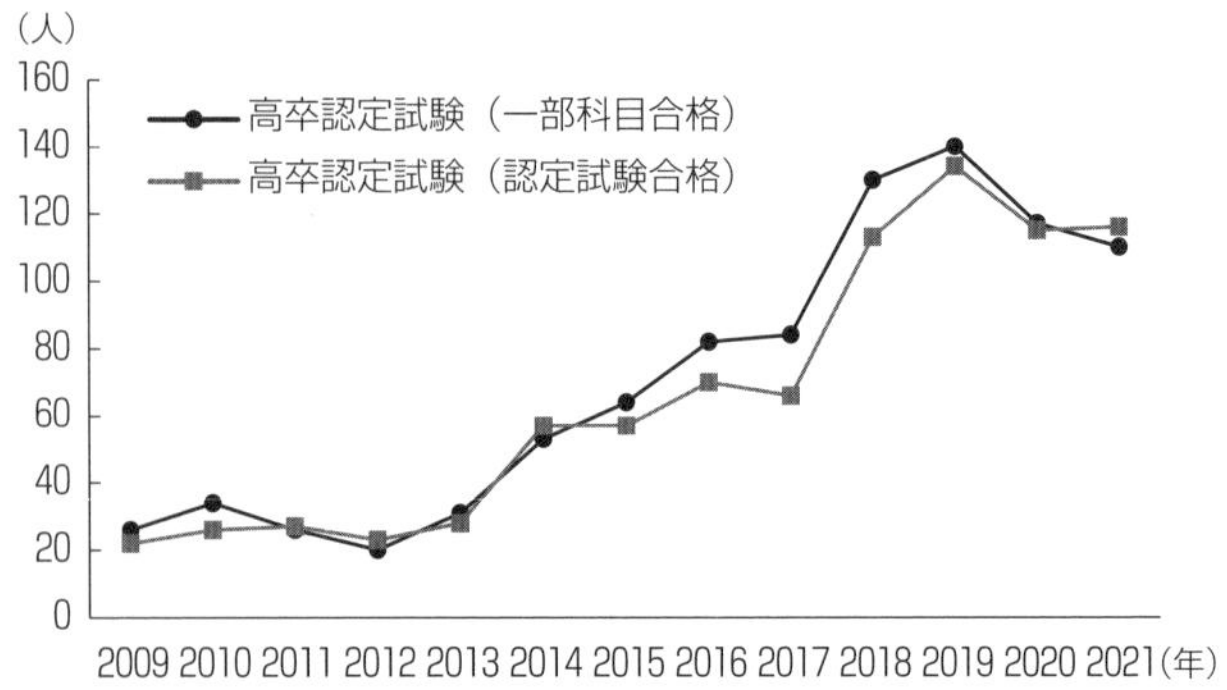

図０－３　少年院における高卒認定試験一部科目合格者・合格者の推移

「矯正統計年報」より筆者作成

田中ほか（2021）は、高卒認定試験による社会復帰支援は、短期的にはメリットが大きい部分もあるが、長期的に見ると「学歴」としての問題など必ずしも社会復帰の道筋を確保するものではないと指摘する。そのため、「高校に進学するという進路をできるだけ探り、高めていく」（田中ほか 2021: 200）ことが今後求められると論じている。

１－４　これまでの議論のまとめ

これまで、公式統計を確認し、少年院出院者の現状を概観してきた。最後にこれまでの議論を簡潔にまとめておく。

近年、少年院からの出院者数は減少傾向が続いている。出院者の進路状況に着目すると、就職関連が多数を占めている状況に変わりはない。他方で、進学を希望する少年が増加傾向にある。

また、少年院の中でも、社会復帰支援として修学支援が重視されるようになってきている。その一環として、少年院内における高卒認定試験の受験があげられる。少年院での高卒認定試験は、一部科目合格者も認定試験合格者も増加傾向にある。高卒認定を受けることのメリットとしては、進路選択の幅を広げられることにある。一方で、デメリットとしては、あくまで高卒認定試験は、高卒「程度」であり、高卒「学歴」にはならないといったことがある。そのため、高校に進学できる可能性を模索することの重要性が指摘されている。

以上で確認してきたように、少年院に在院する少年たちの修学への関心が高まっていることや、少年院内における社会復帰支援として修学支援が重視されているという現状がある。しかし、出院後の少年たちの学びの状況については、この公式統計からは把握できない。そのため、出院後の少年たちが、どのように学びを継続しているのかを問うことが必要になる。

2　本書にかかわる定義

ここで、本書にかかわる用語の定義を行っておきたい。

2－1　非行少年

非行少年の定義は、少年法第三条に規定されているものに従う。すなわち、一四歳以上で罪を犯した犯罪少年、一四歳未満で刑罰に触れる行為をした触法少年、将来、罪を犯し、又は刑罰法令に触れる行為をするおそれがあると認められる虞犯少年である。なお、後述するように、本書における研究協力者の具体的な非行名は記述しないが、刑法犯で検挙されている経験を持つ研究協力者が多い。

2－2　犯罪・非行からの離脱

犯罪・非行からの離脱に関する先行研究は、第1章で詳しく論じるが、ここでは、本書において犯罪・非行からの離脱をどのようにとらえるかを述べる。

これまでにも犯罪・非行からの離脱という語をたびたび用いてきたが、そもそも犯罪・非行からの離脱をどのように定義するのかということ自体が、現在でも論争点であり続けている（Laub and Sampson 2001）。しかし、犯罪・非行からの離脱をどのようにとらえるかは重要な問題である。そこで、まずは、その論争点を確認しておきたい。そして、これまでの先行研究を踏まえながら、本書における犯罪・非行からの離脱のとらえ方を記述していく。

先行研究は、犯罪・非行からの離脱を「瞬間」という静的にとらえる立場と、「プロセス」という動的にとらえる立場の大きく二つに分類することができる。

前者の点でとらえる立場の代表的な論者がSampson and Laubである。Sampson and Laub（1993）は、犯罪・非行からの離脱を終結（termination）という語でとらえている。この立場では、犯罪・非行からの離脱とは、犯罪や非行の停止を意味するものと考えられる。この立場をとると、犯罪をやめたときに犯罪・非行から離脱したと判断される。

後者のプロセスでとらえる立場の代表的な論者がMaruna（2001=2013）である。Marunaは、犯罪の終結をもって離脱を定義すると、その犯罪者が亡くなった後に回顧的にしか決定できないという。さらに、亡くなった離脱者のみを研究したとしても、どの「瞬間」に終結を測定すればよいかは不明なままであると論じている。そこでMaruna（2001=2013）は、犯罪からの離脱を「かつて犯罪に持続的に関わっていた人々が、犯罪を長時間自制すること」（Maruna 2001=2013: 42）と定義したほうが生産的であると主張する。Kazemian（2007）も、離脱はプロセスとしてとらえることが適切であると主張している（Kazemian 2007: 19）。Kazemianは、犯罪行為に終止符を打つ時点のみに焦点を当てるのではなく、犯罪者が離脱する過程で作用するメカニズムをよりよく説明することに努力を注ぐことに価値があると述べている（Kazemian 2007: 19）。

これまで先行研究で論じられてきたことを踏まえ、本書では、犯罪・非行からの離脱をプロセスとしてとらえる立場をとる。つまり、犯罪・非行からの離脱の「瞬間」がいつ生じたかという判断は困難であるが、長期的に見ると、犯罪・非行に関与することが減っていくものとしてとらえる*12。

2−3　教育機関

本書では、教育機関という語を用いることがある。学校という語と区別する理由としては、本書における研究協力者たちが、矯正施設退所後に移行した場所は「学校」に限定されないためである。伊藤（2017: 49）では、後期中等教育機関を、①学校教育法で規定された「学校」であるか否か、②学校教育法第一条に規定された学校（一条校）であるか否か、の二点で整理している。後期中等教育機関は、学校教育法での規定にもとづき、「一条校」「非一条校（一条校以外の学校）」「民間の教育施設」の三つに分類される（表0-1）。

本書で教育機関という語を用いるときは、後期中等教育機関を対象としたうえで、「一条校」「非一条校（一条校以外の学校）」「民間の教育施設」三つの区分をすべて含むものとして用いる。

表0－1　後期中等教育機関の分類

	① 学校教育法での規定	② 1条校か否か
高等学校（全日制課程） （定時制課程） （通信制課程）	学校教育法で規定 （学校）	第1条で規定 （1条校）
中等教育学校（後期課程）		
高等専門学校		
特別支援学校高等部		
高等専修学校		第125条2条で規定
技能連携校		第55条で規定
サポート校	規定なし （民間の教育施設）	—
高卒認定予備校		
フリースクール		
フリースペース		

伊藤（2017: 49）より引用

3　本書の目的と独自性

ここで本書の目的を述べておく。本書の目的は、非行経験者が矯正施設を経て、教育機関へ移行していく過程を記述、分析することを通して、現代の日本社会における非行からの離脱過程の一端を明らかにすることである。

本書の独自性として、以下の三点をあげることができる。

第一に、矯正施設入所以前、矯正施設在籍時、矯正施設退所後という少年たちの経験した時系列に沿って分析する点である。移行過程を分析するにあたっては、当事者が経験した時系列に沿って分析されることは、これまでにも行われてきた（たとえば知念 2018）。しかし、犯罪・非行からの離脱における先行研究においては、仲野（2017, 2018）が指摘するように、施設内処遇に関する研究と社会内処遇に関する研究が、それぞれ独自に蓄積されており、「施設から社会へ」という連続性を考慮に入れた研究は十分に行われてこなかった。この指摘を、本書の文脈に置き換えるならば、矯正施設在籍時から、退所後の教育機関への移行を連続的にとらえる必要があるということである。

「施設から社会へ」という矯正施設在籍時から矯正施設退所後における連続性の視点が必要とされる一方で、少年院入院者については「社会から施設へ」という矯正施設在籍以前と矯正施設在籍時の連続性を指摘するものがある（都島 2013b）。都島（2013b）は、少年たちの非行仲間の存在に注目し、少年院教育は施設内で完結するのではなく、少年が施設外社会を参照しながら生活を送ることで成立するといい、少年院への収容は外部社会との「切り離し」を意味するのではなく、連続性の維持を意味しているという。そして、少年院の調査研究は、施設外社会と照らし合わせながら分析を試みる必要があると指摘する。都島（2013b）は、非行仲間を取り上げているが、あわせて、家族や地域社会など、その他の社会集団にも注目する必要性を論じている。この指摘を本書の文脈に位置付けるならば、少年たちの少年院の経験を分析するにあたっては、少年たちの少年院入院以前の学校経験も考慮される必要があるということになる。

本書では、「学校（小学校・中学校）から施設へ」と、「施設から教育機関へ」という両者の視点を統合して、「学校（小学校・中学校）から矯正施設を経て教育機関へ」という過程を検討していく。この「社会から施設を経て社会へ」という視点による非行からの離脱過程の検討は、国内ではこれまでに行われてきてはおらず、本書のもつ独自性といえるだろう。

第二に、質的縦断調査（Qualitative Longitudinal Research）（Farrall 2014: 70）にもとづいて非行からの離脱過程を明らかにするという点である。国外では、Sampson and Laub（1993）をはじめとして、長期的な追跡調査による犯罪・非行からの離脱研究が行われている。その一方で、国内における犯罪・非行からの離脱研究では、長期的な追跡調査による研究が十分に蓄積されているとはいえない。質的縦断調査の特徴とされる経時的な変化への着目や、研究協力者がそれをどのように理解しているか（Farrall 2014: 70）という視点から、非行からの離脱過程を記述することは本書のもつオリジナリティであるといえる。

加えて、非行からの離脱過程にあり、かつ教育機関に修学している少年を対象にしている点も独自性としてあげることができる。Laub and Sampson（2003）やMaruna（2001=2013）などもインタビュー調査を行ったうえで分析を行っているが、いずれも回顧的な調査によるものである。Laub and Sampson（2003）は、回顧的調査による方法には「人生の重要な出来事やその意味を振り返って自己報告する際に生じる歪曲の可能性」（Laub and Sampson 2003: 161）があることを指摘している[13]。そのため現在、非行からの離脱過程にあり、修学している少年たちについて質的縦断調査にもとづいて検討を行うことは、本書のもつ重要なオリジナリティということができるだろう。

4　本書の構成

本書の構成は以下のとおりである。

第1章では、犯罪・非行からの離脱研究や、学校と非行に関する研究、課題集中校に関する研究、若者の移行に関する研究をそれぞれ概観し、これまでの先行研究の到達点と課題を整理する。そして、それらの先行研究の検討を踏まえたうえで、本書の分析課題と本書が持つ学問的オリジナリティを示す。

第2章では、筆者が行った調査の概要を説明する。更生保護施設の位置づけ、本書の研究対象であるA更生保護施設の特徴を述べ、本書における対象としての妥当性を論じる。そのうえで、筆者が行ったインタビュー調査の概要を記述する。

第3章から第5章は、筆者が行った調査にもとづく経験的データの分析を行う。

第3章では、非行少年たちの矯正施設以前の学校経験を分析する。彼らからは、教師への反発やいじめを受けた経験など、人間関係に関するトラブルが語られた。これらの経験は、彼らの学校に対する意味づけをネガティブなものにする。その一方で、彼らが学校に対して肯定的に評価している様子も見受けられた。彼らが、学校を肯定的に語る背景にある要因を検討していく。

第4章では、少年院出院後に教育機関への移行を希望する少年たちを対象とし、彼らの少年院における経験と、彼らが少年院内でどのように出院後の進路希望を形成していくのかを明らかにする。

第5章では、矯正施設退所後に教育機関へ移行した後、彼らが教育機関で、どのような生活を送っているのかを論じる。この分析から明らかになることは、修学の継続は再非行を抑制する可能性を持っているが、修学の継続にあたって彼らは様々な困難にも直面しているということである。

終章では、本書で明らかになった知見をまとめる。そのうえで、本書が持つ学問的意義や実践的示唆を論じる。最後に今後の課題と展望を示す。

補論では、法務教官によって報告された事例と法務教官へのインタビューをもとに、少年院における処遇と出院時の困難について検討する。なお、この補論では少年院の処遇のうち、教科指導に着目する。

注

＊1　再犯防止推進計画における就労規範を批判的に検討したものとして吉間（2021）がある。

＊2　法務省矯正局・保護局「保護観察・少年院送致となった生徒の復学・進学等に向けた支援について」では、少年にとっての学びの継続の重要性が示されている。また文部科学省「『再犯防止推進計画』を受けた児童生徒に係る取組の充実について」では、少年院・少年鑑別所に入院・入所した児童・生徒の復学について、学校は、少年院や少年鑑別所と継続的に連絡体制を整えておくことが求められている。そして、教育委員会等設置者は、学校受け入れが円滑に行われるよう関係機関と連携し、必要な支援を行うことが示されている。

＊3　香川ほか（2014）は、「高校に通うことが当たり前」となった社会を〈高卒当然社会〉（香川ほか 2014: 12）と名付けている。

＊4　少年院の出院は、大きく退院と仮退院の二つに区分される。仮退院には保護観察がつくことになる。現在は、出院者の九九％以上が仮退院である。

＊5　少年院には、短期処遇と長期処遇の区別がある（これらは現時点で法令上の概念ではないが、矯正実務において広く運用されてきた）。在所期間については、短期処遇が約六ヶ月、長期処遇が約一一ヶ月とされる。『令和三年版犯罪白書』によれば、少年院へ入院することになった非行名は、男子（一四八七名）が、窃盗（二六・四％）傷害・暴行（一九・二％）、強盗（八・三％）、詐欺（七・四％）、強制性交等・強制わいせつ（六・二％）、道路交通法違反（五・九％）、その他（二六・六％）の順となっている。女子（一三七名）は、窃盗（二四・八％）、傷害・暴行（一八・二％）、覚醒剤取締法違反（一二・四％）、虞犯（九・五％）、詐欺（八・〇％）、強盗（三・六％）、その他（二三・四％）の順となっている。男子、女子の共通点としては、窃盗、傷害・暴行がともに上位となっていることがあげられる。三つ目に多い非行名で男女差がみられる。男子は、強盗であるのに対して、女子は覚醒剤取締法違反となっている。

＊6　少年院入院者の年齢構成比を述べておく。二〇〇七年に少年法の改正が行われ、少年院収容者の年齢が一

四歳以上から、「おおむね一二歳以上」に変更されている。そのため、二〇〇八年以降の推移を述べる。二〇〇八年以降の新収容者の年齢構成を確認すると、一四歳から一九歳までで新収容者の九九％以上を占めている。さらに、一六歳・一七歳（中間少年）と、一八・一九歳（年長少年）で少年院収容者の大部分が占められている。二〇一七年以降では新収容者における一四歳・一五歳（年少少年）の割合が減少している。二〇一九時点における少年院への入院人員に占める割合は、年長少年が約五五％、中間少年が約三五％、年少少年が約一〇％である。

＊7　二〇〇九年から二〇一〇年にかけては、三八九二名から三九一二名と微増している。

＊8　その後、区分に若干の変更が加えられている。具体的には二〇〇九年より「中学復学決定」は、「小・中学復学決定」へと区分が変更された。なお二〇一五年は、一月から五月分と六月から一二月分に分けて進路状況が公開されている。そのため、二〇一五年分は二つの値を合算したうえで作成した。なお、二〇一五年六月から一二月分より従来の区分に加え、「短大・大学復学決定」、「専修学校復学決定」、「進学決定」の三つの区分が新たに追加された。しかしながら、いずれの年も出院者に占める割合は一％未満であるため、図0-2を作成する際には、これらの区分を「その他」に含めた。その他に追加した内訳は、以下の通りである。

補表0-1　出院者のその他の進路先

年	短大・大学復学決定	専修学校復学決定	進学決定
2015	2	0	6
2016	1	6	14
2017	2	1	19
2018	10	3	18
2019	9	2	22
2020	7	3	10
2021	7	0	19

＊9　『令和三年版犯罪白書』によれば、二〇二〇年に少年院に入院した少年たちの教育程度で最も多かったのは、男子、女子ともに高校中退である。二〇〇八年以降の推移を見てみると、男子の場合は、二〇〇八年から二〇一二年は、中学卒業と高校中退の割合が同程度であった。ところが、二〇一三年以降、中学卒業の割合は減少し、高校中退の割合は増加した。女子も多少のずれはあるが、同様の傾向にある。

＊10　少年院全体の受験者数は、把握できていない。

＊11　二〇一三年に文部科学省が行った調査によると、高卒認定試験合格者を「高卒と同等」に扱う割合は、企業では二五・九％、自治体では四四・九％である。この数値は増加傾向にあるものの、現状では「高卒と同等」に扱う方が少数派である（文部科学省 2013）。

＊12　都島（2021）は、犯罪・非行からの離脱の過程を状況依存的な解釈実践の過程ととらえ、非行経験者によっても定義づけられる状況依存的なものであると論じている。なお本書における研究協力者からは、すでに非行からの離脱を達成したというような語りは得られていない。

＊13　稲葉（2019）では、「人が自身の過去について語る時、そのリアリティは、現在から遡及的に『物語』として再構成される」（稲葉 2019: 83）と論じられている。

第1章　先行研究の検討と本書のねらい

本章では、犯罪・非行からの離脱に関する研究、学校と非行に関する研究、課題集中校に関する研究、若者の移行に関する研究を、それぞれレビューし、先行研究の到達点と課題を明らかにする。そして、先行研究の課題を乗り越えるための、分析課題を設定する。

1　犯罪・非行からの離脱に関する研究

1－1　犯罪・非行からの離脱要因

ここでは、犯罪・非行からの離脱要因を取り上げた研究を参照する。犯罪・非行からの離脱研究には、加齢による成熟や、社会的要因、認知的変容に関する要因が主なものであった。これらに加えて、社会的要因と認知的変容の双方に着目する研究も行われるようになってきた。

1−1−1　加齢による成熟

犯罪・非行からの離脱を説明する要因として、一般的にあげられるものの一つが年齢である（Matza 1964=1986; Hirschi and Gottfredson 1983; Gottfredson and Hirschi 1990=2019など）。Gottfredson and Hirschi（1990=2019: 129）は、犯罪の減少は「人の変化あるいは非犯罪的状況への曝露によって説明されない」といい、「生体の厳然たる加齢によるもの」と主張している。Matza（1964=1986: 30）も、「更生は、矯正機関が介入したかどうかとは関係なく起きるし、彼らに加えられた処遇の質とも関連がない」と論じ、ほとんどの場合は少年の成熟による改善であると指摘する。

これらの研究では、他の要因とは無関係に、加齢によって自然と非行の世界から離れていくことが想定されている[*1]。

しかしながら、加齢に伴い、自然に犯罪・非行から離脱しているように見える現象でも、加齢に伴う離脱に対する意味づけがあることを示唆するものもある（Shover 1985; 佐藤 1985; 大山 1998, 2009; 都島 2015）。佐藤（1985）は、暴走族へのフィールド調査を通して、彼ら／彼女らが暴走族を「卒業」し、落ち着いていくメカニズムに言及している。佐藤によれば、暴走族に参加する若者は、二〇歳になる前に暴走族を「卒業」していく[*2]といい、その背景には二〇歳を境に適用される刑法にもとづくサンクションがあると論じている。都島（2015）は、加齢に伴って周囲の友人を含めて、法律に対する解釈が変化することで、成人に近づくにつれて、非行少年たちが落ち着いていく様子を描いている。

1-1-2　社会的要因

社会的な要因に着目する犯罪・非行からの離脱研究に大きな影響を与えたのは、Sampson and Laubによる非行少年のライフコース研究（Sampson and Laub 1993; Laub and Sampson 2003）である。Sampson and Laubの最大の特徴は、Glueck and Glueckが五〇〇名の非行少年と非行経験のない五〇〇名の少年に対して行った調査の追跡調査を実施し、犯罪・非行から離脱する要因を明らかにしようとしたところにある。

Sampson and Laub（1993）では、犯罪・非行からの離脱にライフコースの視点を導入し、結婚や就労などを重要なターニングポイントとして位置付けた。そして、それらのターニングポイントと犯罪・非行からの離脱との関係を検討した。Sampson and Laub（1993）は、「安定的な雇用に就く」（以下、便宜的に就労と表記する）ことや「配偶者への情緒的なつながり」（以下、便宜的に結婚と表記する）が、犯罪・非行からの離脱におけるターニングポイントとなると指摘する。そして、就労や結婚などをインフォーマルな社会統制（informal social control）と呼び、インフォーマルな社会統制が多いほど、成人期以降に犯罪・非行から離脱すると論じている。

Sampson and Laubの指摘を踏まえ、就労（Uggen 2000; Maruna 2001=2013など）や結婚（Horney et al. 1995; Farrington and West 1995; Laub et al. 1998; Sampson et al. 2006; McGloin et al. 2011など）が犯罪・非行からの離脱に与える影響の検証が多数行われた[*3]。

Uggen（2000）は、二六歳以上の犯罪者にとっては、仕事がターニングポイントになるといい、「わずかでも雇用の機会を与えられた犯罪者は、そのような機会を与えられなかった犯罪者よりも再犯の可能性が低い」（Uggen 2000: 542）と論じている。

ただしSampson and Laub（1995）は、就労に関しては、雇用自体が犯罪・非行から離脱させるものではないと主張している。そのうえで、雇用の安定性、仕事へのコミットメント、被雇用者と雇用者との関係性が、犯罪・非行からの離脱につながると述べている（Sampson and Laub 1995: 146）。つまり、就労に従事することのみでは犯罪・非行からの離脱にとっては、十分ではなく、その質もあわせて求められることを示唆している＊4。

Laub and Sampson（2003）では、就労は、四つの主要なプロセスにより、犯罪・非行からの離脱を促進すると論じている。第一に、雇用の安定性や仕事へのコミットメント、労働者と雇用者の相互の結びつきがインフォーマルな社会的コントロールを高めることにつながる。第二に、結婚、仕事、特にフルタイムの仕事は、日常的な活動を有意義に変化させることにつながる。第三に、仕事の内容によっては、配偶者のように雇用者が直接的に社会的なコントロールを与えることができる。第四に、仕事は、アイデンティティと人生の意味を与えることができる（Laub and Sampson 2003: 46-47）。

Tripodi et al.（2010）は、刑務所出所時における雇用は再収監の可能性の減少とは有意に関連していなかったが、再収監に至るまでの期間の長さと関連していることを示した。雇用されている人は、雇用されていない人よりも長く犯罪をしていない期間を保つことができたという。

以上にみてきたように、就労は効果のある対象に差がみられる場合もあるが、犯罪・非行からの離脱に有効な要因であることが確認できる。

続いて、結婚がもたらす影響を確認する。Laub and Sampson（2003）では、結婚が犯罪・非行からの離脱にもたらす影響を次のように論じている。結婚は日常生活に大きな変化をもたらすため、離脱に影響を与える。そして、結婚すると、新しい友人や家族ができることが多いが、これらの人々が日常生活に影響を与えることもある。このような変化は、社会化のための新しい機会を約束し、日常生活を変化させる。さらに、結婚すると、配偶者が直接的に社会的コントロールを行うため、離脱につながる可能性がある。そして、結婚によって自己意識が変化することもある（Laub and Sampson 2003: 42-43）。

Farrington and West（1995）は、三二歳の時点で、結婚して離婚したことのない人が最も反社会的ではなく、結婚して別れた後に一人暮らしをしている人が最も反社会的であることを明らかにした。そして、結婚の効果は、結婚した理由（妊娠など）、結婚生活の幸福度、配偶者がどの程度慣習的で向社会的であるかなどに依存する可能性があるといい、結婚の効果は、急激に限定された効果ではなく、累積的な効果をもたらす可能性を示唆している。Laub et al.（1998）は、犯罪・非行からの離脱は質の良い夫婦関係の構築によって促進されるといい、その影響は時間の経過とともに徐々に蓄積されると論じている。

McGloin et al.（2011）は、オランダの犯罪者を対象とした縦断的研究のデータを用いて、年齢、犯罪頻度、未観察の異質性を考慮しても、結婚は犯罪の多様性の減少と関連することを明らかにしている。

Warr（1998）では、結婚は、仲間重視のライフスタイルから家族重視のライフスタイルへと変化させ、同時に、個人が付き合う友人の種類を変え、逸脱した友人との接触を減らすと論じている。

Sampson and Laub（1993）の特徴は、長期的な追跡研究にもとづき、非行からの離脱要因における結婚の効果を指摘したことにあった。他方で、Horney et al.（1995）は、六〇〇名以上の重犯罪者に対して回顧的調査を行い、犯罪行動の変化を規定する短期的な要因として、配偶者との同居が犯罪行動を抑制すると指摘している。

佐藤（1985）は、暴走族から卒業していく過程を描いているが、仕事や結婚とそれに伴う家庭生活といった慣習的な生活に時間をつぎ込むことで、逸脱的なライフスタイルから離脱していくと指摘している。

つまり、結婚がもたらす影響は、配偶者への愛着や配偶者の直接的なコントロールが効くと同時に、日常生活の変化を生じさせるところにあるといえるだろう。

また、Sampson and Laub（1993）でも、「安定的な雇用」や「配偶者に対する愛着」と表現されているように、ただ就労している状態や結婚している状態が、犯罪・非行からの離脱に影響すると主張されているわけではないことは再度確認しておきたい。

これまで述べてきたように、社会的要因として就労や結婚に注目した研究はなされてきた一方で、非行からの離脱と教育との関連に注目したものはBlomberg et al.（2009, 2011, 2012）など限られたものしかない。Blomberg et al.（2009, 2011, 2012）は、一一五の少年司法施設から退所した四一四七名の若者を対象に追跡調査を行っている。Blomberg et al.（2009）は、少年司法施設に収容中の教育達成度が平均以上の青少年は、退所後に学校へ復帰する可能性が高まることを指摘する。また、学校に復帰した後の出席率が高いほど、再非行を抑制することを示した（Blomberg et al. 2011）。さらに、学校への出席率が再非行を抑制する効果は、人種や性別を問わず有効であるという（Blomberg et al. 2012）。

しかしながら、Sampson and Laub（1993）が示唆したように、教育機関の場合においても、出席することのみが、非行からの離脱につながるとは考えづらい。そのため、教育機関内における彼らの修学へのコミットメントの状況や周囲の人々との関係性を検討する必要がある。

1－1－3　認知的変容に関する要因

社会的要因と同様に、認知的変容（特に、アイデンティティの変容）の重要性も、多くの研究によって強調されてきた（Maruna 2001＝2013; Giordano 2002; King 2013など）。Giordano et al.（2002）は、認知的変容と行動的変容には本質的なつながりがあり、「認知的変容」が変化の基本であるという。

犯罪・非行からの離脱研究における、認知的変容に注目する研究に影響を与えたのがMaruna（2001＝2013）である。

Maruna（2001＝2013）は、犯罪から離脱した人と、犯罪を持続している人とのナラティヴを比較することを目的としてリヴァプール離脱研究を行った。リヴァプール離脱研究では、男性五五名と女性一〇名の計六五名に対してインタビュー調査を行っている。六五名のうち、三〇名を離脱している人、二〇名を持続している人に分類した。

Marunaは、「犯罪からの離脱には、本人の自己概念の根本的かつ意図的な変化が、ほぼ確実に必要である」（Maruna 2001＝2013: 32）と主張している。そしてMarunaは、インタビューデータを分析するなかで、犯罪から離脱している人のナラティヴには三つの特徴があると論じ、その特徴を「回復の脚本」（redemption script）*5として定式化した。その三つの特徴とは、第一に、本人の「真の自己」を形作る中核的な信念の形成、第二に、自己の運命に対する楽観的な認識、第三に、社会や次の世代にお返しをしたいという気持ちである。Maruna（2001＝2013）が指摘するのは、犯罪・非行からの離脱とは、アイデンティティの変容ということである。

King（2013）は、離脱の初期段階を経験している人は、既存の物語を修正したり、新しい物語を構築したりすることで、非犯罪行動を維持することができると主張している。この物語の変化を、「初期の離脱の物語」と表現している。「初期の離脱の物語」は、将来の新しいアイデンティティを採用することで、現在の自分と将来の自分を過去の自分から遠ざけることができ、それがより持続的な非犯罪期間への移行を強固にするという。

Maruna and Farrall（2004）は、一次的離脱と二次的離脱を区分する必要があると論じている。一次的離脱とは、犯罪キャリアの過程における小康状態や犯罪のない空白期間のことを指す。それに対して、二次的離脱とは、非犯罪者としての役割やアイデンティティを担うようになっていくことを指す。

認知的変容と関連する研究として国内では、少年院における少年の変容に焦点を当てた研究があげられる[*6]（広田ほか編 2012）。

広田ほか編（2012）は、少年院内部での少年の変容や離脱に関して、フィールドワークをもとにした分析が行われている。たとえば仲野（2012）は、教官と少年の面接場面に着目する。そこでは、少年と教官との共同による「語り直し」によって、「望ましい」変容へと方向付けられていく様子を描いている。稲葉（2012）によれば、少年院で目指されることは、「『社会』を参照することで成り立つ『自己』の概念的変容」（稲葉 2012: 149）であるとされる。

他方で、都島（2013b）は、少年たちは出院するために、自己の変容を「偽装」する演技を行うことがあるという[*7]。また「偽装」は少年院の外とのつながりを意識して実行されることを示している。そして、少年院の教育環境は、少年によって非行仲間うちでの経験と関連付けられることによりスムーズに保たれていると論じている。

1−1−4　社会的要因と認知的変容双方への着目

Bottoms et al.（2004）は、これまでの先行研究で社会的要因と認知的変容のいずれもが指摘されてきたが、結婚や雇用に代表される社会的要因と元犯罪者や元非行少年個人の認知的変容が、どのように相互作用するかは十分に把握されてこなかったと指摘する。そして、犯罪・非行からの離脱を論じるためには、社会的関係と認知的変容の相互作用のプロセスを把握することが必要だと主張している*8。

只野ほか（2017）は、少年院出院者に対して、社会的要因と認定的要因の双方の要因を含んだ質問紙調査を行い、非行からの離脱要因を解明しようと試みている。分析対象は男子一〇三名であり、その内訳は離脱群五八名、再入群四五名であった。分析の結果、離脱群では良好な家族関係や友人関係といった社会的要因とポジティブな認知的要因が非行からの離脱を促すと論じている。なお只野ほか（2017）は、一八歳前後の年齢層では学業への従事が、非行からの離脱を促進する可能性があることを指摘している。

しかし、Blomberg et al.（2009, 2011, 2012）における議論と同様に、只野ほか（2017）においても、学業への従事が、非行少年たちにとってどのような意味を持っているのかといったことは、明らかにされていない。また、データが一時点のみであるという点でも課題があるといえる。

2　学校と非行に関する研究

非行からの離脱要因としては、注目されてこなかった教育だが、少年非行の原因として教育が言及されたものは多岐にわたる。本節では、生徒文化と学校不適応に関する先行研究を概観する。

2－1　生徒文化と非行

岩木・耳塚（1983）は、生徒の下位文化として、「向学校的下位文化」、「反学校的下位文化」、「脱学校的下位文化」という三つのタイプをあげている。これら三つの下位文化タイプは、トラッキングシステム[*9]に応じて形成されるのが特徴である。つまり、上位トラックでは向学校的文化、下位トラックでは反学校的文化や脱学校的文化が形成されやすくなる。

耳塚（1980）は、生徒文化の分化を説明するモデルとして、文化葛藤モデル、地位欲求不満モデル、学校組織モデルの三つをあげる。そして、これら三つのモデルを高校調査に適用し、日本の高校生における生徒文化の分化は、地位欲求不満説によって説明される可能性が高いことを示した。この地位欲求不満説では、生徒文化の分化は、生徒が報酬分配尺度上で占める地位の高低によって説明される。報酬分配尺度とは、学業成績、教育上の進路によるものとされる。反学校的下位文化は、その尺度上で低い地位に自らを見出す生徒の欲求不満、反動形成の結末として生じる。実際に、下位ランクの高校では非行的文化が有力になっていることが示されてきた（渡部 1982; 秦 1984; Rohlen 1983=1988など）。

他方で、地位欲求不満説における報酬分配尺度とされる学業成績や教育上の進路と非行の関連は、これまで多数論じられてきた（麦島・松本 1967, 1968, 1973; 清永 1984; 米里 1992; 岡邊 2013など）。

清永（1984）は、非行少年の再非行化過程を分析し、再非行化に最も影響を与えるのは過去の非行歴であることを述べたうえで、問題のある家庭や学校の存在が再非行に影響を与えていると指摘している。特に、学業不振といった学校問題は、非行発生に影響力を残していると述べている。

麦島・松本（1967, 1968, 1973）は、教育上の進路と非行との関連を社会階層との関連を含めて論じた。麦島・松本（1973）は、一九四二年生まれコーホートと、一九五〇年生まれコーホートを比較し、社会階層、教育歴と非行との関連の変化を分析した。一九四二年生まれコーホート、一九五〇年生まれコーホートのどちらとも、出身階層の影響を除いたとしても、教育上の進路により非行発生率が左右されるといい、非行発生率の出身階層差の大部分は、教育上の進路に帰せられると考察している。

岡邊（2013）は、学歴階層を社会階層とみなし非行の関連を分析した。そして、学歴階層の低位に置かれた少年たちのほうが非行へと参入しやすいという結果を示している。

一方で、地位欲求不満説に対して批判がなかったわけではない（佐藤 1984, 1985; 竹内 1995; 大多和 2000, 2001など）。

暴走族へのフィールド調査を行った佐藤（1984, 1985）は、暴走族への参加に「学歴コンプレックス」（佐藤 1984: 219）は無関係であることを主張する。佐藤（1985）は、「七〇名近くの若者たちの中で、『劣等感』や『欲求不満』が、暴走族グループおよび暴走族活動への主要な動機と考えられるケースは一例としてなかった」（佐藤 1985: 124）と述べている。そして、暴走族に参加することは青年期特有の問題を解決する手段であると論じている。

　竹内（1995）は、地位欲求不満説において反学校文化の形成が予想される課題集中校で調査を行ったが、そこでは反学校文化は見られなかったという。竹内は、生徒の「低位」同質化によって反学校文化の形成が食い止められていると分析する。低位同質化とは、入学当時の生徒の意欲や志向は、低位で均質化されているわけではないが、学年が進むにつれて消極的な学校適応が増加していくことを指す。そして、低位同質化している生徒たちは、専門知識や技術、学業成績のレリバンスが低いため、成績が低いことによる地位欲求不満は起こりにくいと論じている。

　大多和（2000, 2001）は、一九七九年と一九九七年に同一校に対して行われた質問紙調査の結果を比較することで、地位欲求不満説の説明力が変化しているかを検証した。大多和（2000）は、一九九七年のデータでは、逸脱文化は学校不適応などの結果として生成される部分を残しながらも、報酬尺度上の地位が低いことによる反動形成の性質を弱めていると指摘する。そして、消費文化や都市文化など地位欲求不満モデル以外の変数によって、逸脱文化が生成されることを示した。大多和（2000）は、これらの結果を踏まえて、生徒にとっての準拠集団としての学校の位置づけが減退したと論じている[*10]。そして大多和（2001）では、社会階層によって地位欲求不満説の説明力が異なるかを検討している。一九七九年時点ではいずれの階層でも地位欲求不満説の説明力があった。しかし、一九九七年時点では階層によって地位欲求不満説の説明力に違いが確認された。社会階層の上位層では地位欲求不満説の説明力が依然としてあるが、下位層では地位欲求不満説の説明力は弱くなっていた。そして、下位層では若者文化や消費文化へのコミットメントが、非行的文化へのコミットメントにつながるようになっていた[*11]。

大多和（2014）は、これまでの生徒文化研究では生徒を業績主義社会のアクターとしてとらえるため、アスピレーション形成や競争参加のあり方を探る研究に力点を置いてきたと指摘する（大多和 2014: 23）。

一方で、生活困難層にある子どもたちに対する調査では、彼／彼女らが「高い学歴や高収入のホワイトカラーを目指した競争とは無縁な、非競争な日々を過ごしている」（西田 2012: 121）姿が描かれている（長谷川 1993; 西田 1996）。

長谷川（1993）は、生活困難層にある子どもたちにインタビューを行っている。彼ら／彼女らの学校「不適応」は、〈学校へのこだわりの希薄さ〉という特徴があることが論じられている。西田(1996)は、低階層が集住する地域に暮らす若者に対するインタビュー調査を行っている。彼らの進路意識や将来展望は、学歴獲得競争へのドライブがかかったものではなかったという。

西田（2012）は、彼／彼女らは、学歴社会や競争社会をテーマとする議論の中では「目を向けられない」存在で（西田 2012: 132）あったと指摘するが、生徒を業績主義社会のアクターとしてとらえ、アスピレーション形成や競争参加のあり方を探る研究に力点を置いてきた生徒文化研究でも目を向けられていなかった存在といえるだろう。

以上をまとめると、一九七〇年代から一九八〇年代にかけて生徒文化研究が盛んに行われてきた。生徒文化研究の中心は、地位欲求不満説にあった。しかし、地位欲求不満説の説明力の低下を指摘する研究が次第に現れてきた。また、学歴社会や競争社会では「目を向けられていない」存在の学校経験も論じられるようになってきた。

2－2　学校不適応と非行

学校不適応も非行の要因として論じられてきた（原田 1991; Harada 1995; 矢島 1996; 岡邊 2013など）。原田（1991）は、中学生時代に初めて検挙された少年たちの学校不適応が、その後の非行経歴にどの程度影響を及ぼすのかを、警察の非行記録データによって検討している。その結果によれば、中学校時代の学校不適応は、中学校在学中に限定された短期的な非行促進効果を持つという。原田（1991）は、この結果について「中学校に、主として学業面での不適応者を逸脱的な行動に向かわせる、一種の構造的な圧力がある」（原田 1991: 48）と考察している。Harada（1995）においても、中学校時代に初めて逮捕されたときの学校不適応は、中学校時代に限って再逮捕の危険性を上げるといい、中学校時代の学校不適応が、非行キャリアに与える影響は短期的であると論じている。

他方で岡邊（2013）は、原田（1991）と同一県における警察の非行記録データにもとづき、学校不適応が再非行に与える影響を追試的に検討している。分析の結果から、原田（1991）と同じく、中学校時代の学校不適応は再非行のリスクを高めることが明らかになった。さらに、学校不適応が再非行に与える影響は、中学校在学中に限定されず、中学校卒業後も持続的に働くことが示唆されている[*12]。

以上の先行研究は、学校不適応と非行との関連というネガティブな側面を強調してきたといえる。しかしながら、後述する課題集中校における研究からは、逸脱行動を伴う生徒たちは、必ずしも学校生活をネガティブにとらえていない側面がある。この指摘から示唆されることとしては、たとえ非行少年であっても、彼らの学校経験はネガティブな経験のみに限定されるものではない可能性があるということである。

3　課題集中校に関する研究

逸脱行動をとる生徒たちが集中するのが課題集中校である。課題集中校に関する研究では、逸脱行動をとる生徒たちに対する教師たちの対処戦略に焦点が当てられてきた。他方で、近年では、逸脱行動を伴う生徒たちに注目した研究も行われるようになってきた。

3－1　教師たちの対処戦略

先行研究では、主に課題集中校を対象として、逸脱行動を含む問題行動に対する教育実践や教師の対処戦略が描かれてきた（門脇・陣内編 1992；古賀 2001など）。問題行動に対する厳罰的な対応は、教師と生徒の相互の信頼感を喪失させる（片桐 1992）ものであるためである。

古賀（2001）では、課題集中校で逸脱行動をとる生徒たちに対して、教師たちは専門的な教育理論や方法とは異なった、その場の文脈に依存した「現場の教授学」を用いて教育活動を行っている様子が描かれている。

古賀（1992）は、課題集中校で授業秩序を維持するために、平常点を使って授業秩序を維持する「評価」、授業にコミットしていないことをやり過ごす「回避」、教師が学校のルールを少し緩めて生徒に歩み寄る「交渉」という対処戦略を用いていることを指摘する。

竹内（1995）は、教師が「知識の伝達者」から「親しい先生」へと役割を再定義する「現地化」

という対処戦略を用いることで、生徒との衝突を回避していることを指摘した。なお教師による現地化は文化休戦の産物であり、学校にいるときは教師のいうことに従うが、教師の考えるように考える必要はない、という儀礼主義を進展させるという。

また吉田（2007）は、生徒との「人間関係」を保ちつつ秩序を維持するための教師の個別のサバイバル・ストラテジーとして、生徒が欠課時数などの規準をクリアできるよう支援者として優しくソフトにふるまう姿勢を描き、このような接し方を「お世話モード」と名付けている。このような個々の事情が考慮されず、処遇を画一化することは、規準をクリアできなかった生徒が去ってくことになるという意図しない結果を生じさせると指摘する。

その一方で、酒井編（2007）では、生徒たちの学校へのコミットメントを高めるための戦略として、厳罰指導にかわって「アットホームな指導」を取り入れた高校におけるアクションリサーチを行っている。このアットホームな指導は、生徒を学校につなぎとめる機能を持ちながらも、生徒の自主性を前提として成立するものであり、自主性やコミットメントが低い生徒に対しては、指導が介入できないというジレンマを抱えるものでもあった。

これらのネガティブな帰結を乗り越えたものが伊藤（2017）による研究である。伊藤は、学業達成や地位達成に限定されない生徒の「志向性」に教師が働きかけることで、課題集中校であったとしても、生徒たちの学校適応や進路形成を行うことが可能になると論じている。

3－2　生徒たちのふるまい

教師たちの対処戦略のみならず、逸脱行動を行う生徒の学校におけるふるまいに注目してなされたものもある（知念 2018；志田 2021）。

知念（2018）は、社会経済的に厳しい地域に置かれている高校に通う〈ヤンチャな子ら〉に焦点を当て、彼らの学校経験を描いている。知念によれば、〈ヤンチャな子ら〉は、学校文化の異化と同化のジレンマに置かれている存在だという。学校文化との異化では、〈ヤンチャな子ら〉は、親に影響された趣味（サーフィンやバイク、パチンコなど）が学校文化と葛藤を起こすとされる。その一方で、彼らは高校に積極的に通う意義を見出せないものの、それ以外の選択肢を持っておらず、高卒資格の必要性も認めているという。また〈ヤンチャな子ら〉が、学校文化と家庭文化との間で葛藤を抱えながらも、学校に通うことができる背景には教師たちの実践があり、彼らは、教師たちを敵対する存在とみなさず、肯定的に評価していると論じている。

志田（2021）では、逸脱行動を行う生徒たちの学校経験を描き出している。彼／彼女らの逸脱行動は、「適切な振る舞い」への共通認識をもつ複数のメンバーの構成員に応じて、逸脱の強度や意味が変化しているという。そして、逸脱をする生徒たちは、反学校文化に染まるだけの受動的な存在ではなく、生徒たちが場面に応じて規範を作り出していく主体的な存在だと論じている。さらに、逸脱に対する価値観は変化するものであるがゆえに、逸脱する生徒たちの持つ価値規範も常に流動的であるという。

知念（2018）や志田（2021）からは、逸脱行動を伴う生徒たちは、積極的に学校に通う意義を見出せない一方で、積極的にかかわってくる教師たちを信頼している様子が描かれている。逸脱行動を伴う生徒たちであっても、学校を必ずしもネガティブにとらえてはいない様子がうかがえる。すでに述べたように、このことは、より逸脱傾向が進んでいる非行少年にも当てはまる可能性がある。

他方で、知念（2018）や志田（2021）は、逸脱行動を伴う生徒たちの学校経験を詳細に描いているが、あくまで彼ら／彼女らの学校経験は、矯正施設に入所する以前、あるいは矯正施設への入所を経験していない生徒たちの学校経験であり、矯正施設を経験した後の学校経験は明らかにされてはいない。

ところで、近年では、高校中退経験者や不登校経験者の再登校を支える学校や教育施設を対象とした研究も行われ始めている（内田 2015; 伊藤 2017）。たとえば不登校を経験した生徒が多く集まっている高等専修学校でフィールドワークを行った伊藤（2017）は、彼／彼女らが登校を継続できる理由として友人関係や教師との関係といった対人関係によることを明らかにした。

これらの先行研究の対象施設では、非行傾向が進んだ生徒は必ずしも多くは在籍していない。それは、不登校経験者や高校中退者を受け入れる教育機関の中には、素行不良の改善が選抜の基準になっている場合があること（伊藤 2017）とも関連していると考えられる＊13。すなわち、少年院に入院を経験するような非行傾向が進んだ少年たちは、これらの研究の対象から外れていたといえる。

4　若者の移行に関する研究

若者の移行に関する研究は、主に学校から職業への移行が取り上げられてきた（たとえば、苅谷 1991など）が、本節では、生活が不安定な状況に置かれている若者の移行を対象にした先行研究と、非行少年の移行を検討した先行研究を概観する。

4－1　若者の移行とそれに伴う困難

一九九〇年代以降、卒業と同時に正社員に就職するパターンが崩れ、不安定な仕事に就く若者が増加した（乾編 2013）。Furlong and Cartmel（1997=2009）は、移行経験を直線型に描ける者と、非直線型になる者とを区分した。そして、非直線型になる者たちは、直線型になる人たちよりも、不利な状況に置かれている人たちが多いと述べている。

林（2016）は、生活保護世帯の子どもたちの多くは、高校入試時期に至るまでの時期に家庭生活の変容を経験しており、それによって家庭での役割の変化が生じているという。また家庭生活の変容と同じ時期に、いじめや不登校など学校生活で周辺化を促す変化を経験しているという。家庭での役割の変化と学校での周辺化により、「家庭への準拠」を強めることにより、相対的に低位の進路にたどり着くと論じている。

西田（2010, 2012）は、貧困・生活不安定層の子どもたちに着目し、彼／彼女らの大人への移行過程を検討している。貧困・生活不安定層の子どもたちの多くは中卒で学校から離れ、「遊び」の世界へ参入していく。その背景には、「リスク感覚」の不在があるという。そして、早期に結婚生活へと移行していく。西田（2012）は、このような移行過程を「彼／彼女たちにとって見知った、なじんだ、身近にある大人の世界に、大きな不安や葛藤を抱くことなく参入していくプロセス」（西田 2012: 104）だといい、このような移行を「自然な移り行き」と呼んだ。西田（2010）によれば、「自然な移り行き」を経験する層は、学卒後に一括就職で安定した職業に移行するルートに乗らない若者たちであるという。この「自然な移り行き」は、経済的な困窮や家族関係の不安定性など困難やリスクを伴うものである。

佐々木（2000）は、ヤンキーたちの価値規範と生活様式の記述を行い、彼らが「自由と自立」を価値規範としており、学校を「自由と自立」が損なわれる場として位置付ける一方で、労働が家族と共有した生活様式に則り自然に選択されることを論じている。彼らの生活様式は教育に対して疎遠であるため、学歴競争から降りることになるという。

知念（2018）は、〈ヤンチャな子ら〉が、学校を中退／卒業した後に労働市場へと移行していく過程を描いている。学校を中退／卒業した後から労働市場への移行を経ると、〈ヤンチャな子ら〉の中に存在する「社会的亀裂」がより明瞭に表れてくるという。彼らは、社会的ネットワークを起点に就職していく。そして、活用されるネットワークの質が、その後の経路に影響を与えていると考察している。

他方で、自ら不安定な身分を選択していく若者も指摘されている。新谷（2002）は、ストリートダンサーグループの若者に参与観察を行い、彼らがフリーターという進路を選択するプロセスを描いている。彼らは、学校外の空間を拠点とすることで、進学や就職のための活動をしない。その背景には、彼らが学校、家庭とは異なる地元の場所、時間感覚、金銭感覚の三点を共有することで成り立つ「地元つながり文化」を形成していることがある。そして地元つながり文化を維持するためにフリーターという選択をするという。

野村（2018）は、「音楽で成功する」といった夢を掲げて活動するバンドマンに注目し、夢を追うことができている要因を分析する。バンドマンたちは、夢の実現可能性の低さを自覚しつつも、夢を追い続けることができている。それを可能にするのは、「夢の実現には時間がかかる」という認識枠組みを獲得することだという。夢を実現できていない現状を正当化し、将来における夢の実現

維持を同時に達成させることが可能になるとされる。

4−2　非行少年の移行とそれに伴う困難

次に非行少年の移行を取り上げる。非行少年の移行に注目したものとして都島（2016, 2021）があげられる。都島は、少年院出院者の当事者団体を主な対象として、非行少年たちの就労への移行過程を検討している。なかでも都島（2021）は、少年院や保護観察の経験者を「青年期」に位置づけ、彼らを「依存する子ども期」と「自立した成人期」を往還する存在だととらえた。非行少年たちは、就労に従事し再犯が抑止されることで、「元」非行少年としてのライフスタイルを獲得していた。しかし、彼らにとって就労の持つ意味は再犯しないためではなく、趣味を充足させたり、生成的なアイデンティティを獲得したりするためであるとされる。また、安定的な就労を非行少年全員が獲得できているわけではないことも指摘されている。

ところで、元犯罪者や元非行少年の移行を支える場として、更生保護施設がある。更生保護施設は、すぐに自立することが困難な刑務所出所者や少年院出院者などに、一時的に住居を提供する場である。

更生保護施設在籍者も自立へ向けて就労に従事する*14。相良（2013）は、更生保護施設に在籍する少年たちは、矯正施設で生じた「変容」した自己を社会の中で維持することを問題としていたという。そして、その問題の解消実践として「就労」を位置付けていたと論じている*15。都島（2017）では、少年が就労先で、「更生保護施設入所者」としてのスティグマを知覚している場面を描いている。少年は、スティグマを知覚しても、単にスティグマを受容するのではなく、それを埋め合わせる「補償努力」によって対処しているという。

非行少年の移行研究では、主に就労への移行過程の分析を通して、元非行少年としてのアイデンティティを獲得していく過程が描かれてきた。その過程では、不安定な就労やスティグマの知覚といった不安定さも伴っていることがわかる。

一方で、これらの先行研究では、なぜ少年たちが少年院出院後にそのような進路を選択したのかといった視点は取り入れられてこなかった。特に、少年院出院後に、修学を選択する少年は少数である。野村（2018）が指摘するように、自ら不利になる選択ともとれるような選択である可能性がある。そのため、少年院出院後の進路選択に対する少年たちの意味づけを問う必要がある。

5　先行研究の課題と本書のねらい

以下では、先行研究の課題を改めて整理する。そのうえで、それらの課題を乗り越えるための本書のねらいと本書が持つ学問的なオリジナリティを示す。

5－1　先行研究の課題

まず、犯罪・非行からの離脱に関する研究では、加齢にともなう成熟のほかに、社会的要因と認知的要因に注目が当てられてきたといえる。社会的要因としては、就労や結婚が主な要因として検討されてきた。その一方で、非行からの離脱過程における教育に関する要因にはこれまであまり目を向けられてこなかった。認知的変容に関する要因としては、主にアイデンティティの変容に焦点が当てられてきた。しかし、社会的要因と認知的変容双方の関連を指摘したものはそこまで多くないため、社会的要因、認知的要因の双方の視点を含む研究が求められる。

学校と非行に関する研究では、主に学校間格差構造にもとづく生徒文化と非行との関連が論じられてきた。そこでは、下位ランクに位置づく学校ほど反学校文化が形成されやすいことが示されてきた。また、学校不適応と非行の関連に見られるように、非行少年の学校経験はネガティブなものとしてみなされてきた。しかしながら、逸脱行動を伴う生徒たちの学校経験を描いた研究からは、彼／彼女らの学校経験は必ずしもネガティブなものに限定されない可能性が示されている。

課題集中校に関する研究では、先述したように逸脱行動を伴う生徒たちの研究のほかに、不登校や高校中退経験者の再登校を支える学校や教育施設に関する研究の蓄積が行われ始めている。しかし、素行不良の改善が入学の選抜条件に設けられているなど、逸脱傾向のある生徒や非行少年の再登校を対象とした研究はこれまでなされていない。

若者の移行に関する研究では、若者が不安定な移行をたどっている様子が示されてきた。他方で、非行少年の移行に目を向けると、少年院出院後の就労世界への移行が描かれてきた。他方で、少年院出院時になぜそのような進路選択をしたのかという、進路に対する少年の主観的な意味づけは問われてこなかった。

5－2　本書のねらい

先行研究の課題をふまえ、本書における分析課題を示す。

①矯正施設入所以前における非行少年たちの学校経験はどのようなものであったか。
②非行少年たちは、少年院在院時に、出院後の進路希望をどのように形成していったのか。
③非行からの離脱過程において、移行先の教育機関でどのような経験をしているのか。そしてその経験は、非行からの離脱とどのようにかかわっているのだろうか。

分析課題①は、非行少年の矯正施設入所以前の学校経験を検討するものである。分析課題②は、少年院への入所経験がある少年たちが、出院後の進路に対する意識をどのように形成していったのかを検討する。

①や②で明らかになったことを踏まえつつ、少年院などの矯正施設を退所した後に教育機関へ移行した少年たちの教育経験と、非行からの離脱の関連を検討するのが、分析課題③である。

上記の分析課題を検討することによる本書の学問的オリジナリティとして三点あげておきたい。

一点目のオリジナリティは、矯正施設を経た後の少年たちの教育機関における少年たちの経験を明らかにするところにある。すでに述べたように、逸脱行動を伴う生徒たちの学校経験を描いた研究として、知念（2018）や志田（2021）の研究があるが、これらの研究はあくまで、少年院など矯正施設に入所する以前の学校経験である*16。つまり、少年院などの矯正施設を経た後の教育機関における少年たちの経験はまだ明らかにされていないといえる。

二点目として、非行少年の主観にもとづいた少年院出院後の移行過程を描くところにある。序章でも述べたとおり、少年院出院者の多くは就労へ参入することもあり、これまで、少年たちがなぜそのような進路を選択するのかということは問われてこなかった。少年院出院後に修学する少年は少数派であり、野村（2018）が指摘するように、自ら進んで不利な状況に移行する側面も考えられるだろう。本書では、少年院出院時の進路選択における、少年たちの意味づけを明らかにする。

三点目として、非行からの離脱過程における就労以外の道筋を明らかにするところにある。これまでの先行研究では、職に就くことが非行からの離脱につながるものとして理解されてきた。少年院出院者においても、多くの少年が、就労関連を進路先として出院していくために、少年院出院後に修学する少年たちは等閑視されていた状況にある。これまで目を向けてこられなかった対象に、本書は焦点を当てる。

注

＊1　Moffitt（1993）は、犯罪者には、青年期のみに犯罪や非行を行う青年期型と、生涯にわたって犯罪行動に従事するライフコース型が存在することを見出している。Laub and Sampson（2003）は、犯罪種ごとの年齢犯罪曲線を示し、年齢差はあるものの、いずれの犯罪も年齢が上昇するほど、行われなくなると述べ、Moffitt（1993）がいうライフコース型犯罪者は存在しないことを主張している。

＊2　加齢とともに暴走族から離れていく様子は、大山（2009）においても確認できる。なお久保田（2011）によれば、暴走族を対象としたマンガの一部でも、暴走族から卒業し、仕事に就く様子を描写したものがあるという。

＊3　雇用と結婚以外の社会的要因としては、仲間（Wright and Cullen 2004）や兵役（Sampson and Laub 1993; Laub and Sampson 2003）があげられる。都島（2015）は、インフォーマルな仲間に焦点をあて、少年院出院後における再犯の防止は、インフォーマルな仲間集団に規定されている側面があると指摘し、かつては逸脱的な志向を持っていたインフォーマルグループであっても、出院後に慣習的な生活を送っていると

再犯を抑止する役割を担う可能性があるという（都島 2015: 100）。

＊4　就労は、犯罪・非行からの離脱を促進させるものとして繰り返し指摘されてきた。しかしながら、日本においては、元犯罪者が雇用される環境は、日雇い労働など非正規雇用が少なくない（相良 2015）。なお相良（2017）は、犯罪・非行からの離脱過程において、犯罪者を取り巻く「貧困」の問題を含めて論じることの必要性に言及している。

＊5　redemption scriptは「贖罪の脚本」と訳されることもある（たとえば、平井 2014; 相良 2019, 2020）。「回復の脚本」の妥当性を批判的に検討した相良（2020）は、更生保護施設に在所している少年のナラティヴを分析した。

＊6　少年院は犯罪・非行からの離脱にとってターニングポイントとなる場として位置付けられることもある（Laub and Sampson 2003）。少年院は少年がそれまでに欠けていた規律や日常生活の枠組みを獲得する重要な環境を提供する場（Laub and Sampson 2003）だとされる。

＊7　少年院内における少年の演技については、山口（2012）でも言及されている。

＊8　平井（2016）は、犯罪・非行からの離脱研究は、プロセス重視の方向へシフトしていると論じている。

＊9　藤田（1980）は、トラッキングを「法制的に生徒の進路を限定することはないにしても、実質的にはどのコース（学校）に入るかによってその後の進路選択の機会と範囲が限定されること」（藤田 1980: 118）と定義している。

＊10　詳しくは後述するが、この大多和（2000）の指摘を踏まえながら、学校不適応が再非行に与える影響の分析を行った岡邊（2013）は、依然として学校適応が非行防止には有効であると論じている。

＊11　Willis（1977=1996）は、学校を越えた若者文化の世界が、反抗的な生徒たちの選好に影響を及ぼしている事実は重く見ておくべきだと論じている（Willis 1977=1996: 47）。

＊12　岡邊（2013）は、分析に投入した変数が、原田（1991）と多少異なっていることから、結果を単純に比較

することはできないと留保をつけている。

＊13　伊藤（2017: 85）によれば、素行不良の改善可能性が選抜基準となる背景として、不登校経験をもつ「おとなしい」生徒の登校を支えるために余儀なくされている側面を論じている。素行不良の改善が見込めない場合は不合格になることもあることが指摘されている（伊藤 2017）。

＊14　先行研究のなかには、更生保護施設内における犯罪・非行からの離脱に向けた支援に注目したものもある（たとえば知念 2013; 松嶋 2005）。知念（2013）は、更生保護施設における支援では、男子特有の関係性である上下関係の重視といった少年たちの男性性が活用されていることを明らかにしている。

＊15　相良（2013）は、成人対象の更生保護施設と少年対象の更生保護施設との二つの更生保護施設で調査を行っているが、ここでは少年対象の更生保護施設における知見を示している。さらに相良（2017）は、成人を対象とする更生保護施設におけるフィールドワークから、他者からの承認を得るための「就労規範」と他者から距離をとるための「就労規範」を守ることで、更生保護施設の入所者が就労を維持してきたことを示している。

＊16　知念（2018）の研究協力者である〈ヤンチャな子ら〉の中には、少年院送致になった者も含まれているが、少年院出院後の様子は描かれていない。

第2章　調査の概要

第1章では、先行研究の到達点と課題を示し、先行研究を乗り越えるための分析課題を設定した。第2章では、調査の概要について説明する。まず、更生保護施設の概略を示す。次に、本書の調査対象であるA更生保護施設の概要について説明する。そして、A更生保護施設で実施したインタビュー調査の概要を示す。

1　更生保護施設の概略

更生保護施設とは、主に保護観察所から委託を受け、住居がない、頼るべき人がいないなどの理由により、直ちに自立することが難しい元犯罪者や元非行少年を宿泊させ、就職援助、生活指導などを行ってその円滑な社会復帰を支援する施設のことである（法務省法務総合研究所 2021: 88）。

更生保護施設が担う役割は、「生活基盤の提供」、「円滑な社会復帰のための指導や援助」、「入所者の特性に応じた専門的な処遇」の三点があげられる（法務省 2021）。

三点目の「入所者の特性に応じた専門的な処遇」が行われる背景には次の理由がある。更生保護施設への入所者の中には、飲酒や薬物への依存の問題を抱えていたり、対人関係をうまく築くことができなかったりするなど、社会生活上の問題を抱えている人が少なくない。そのため、更生保護施設では入所者がこうした問題を解決して、社会生活に適応するための専門的な処遇を行っている。更生保護施設で行われる専門的処遇の例として、酒害・薬害教育、SST（Social Skills Training）、コラージュ療法*1などがある（法務省 2021）。

『令和三年版犯罪白書』によれば、二〇二一年四月時点で、日本全国には一〇三の更生保護施設があり、更生保護法人により一〇〇施設が運営されている。そのほかには、社会福祉法人、特定非営利活動法人及び一般社団法人により、それぞれ一施設が運営されている。内訳は、男性施設が八八施設、女性施設が七施設、男女施設が八施設である。収容定員の総計は二四〇二名であり、男性が成名一九〇〇名と少年三一一名、女性が成名一四〇名と少年五一名である（法務省法務総合研究所 2021: 88）。

表2-1に示したように、少年を対象とした更生保護施設は数が少なく、少年院出院後などに更生保護施設へ入所する少年は、深刻かつ複雑な困難を抱えている（仲野 2018: 75）ことが多いとされる。そのため、更生保護施設に入所することで、複雑な問題を抱えている非行少年として の「望ましくない属性」（都島 2017: 156）を、少年たちが引き受けている

表2-1　対象別更生保護施設の数（2021年8月時点）

	男子	女子	男女	計
少年のみ	1	0	1	2
成人のみ	18	0	1	19
少年・成人	69	7	6	82
計	88	7	8	103

全国更生保護法人連盟（2021）より筆者作成

可能性は高いことには留意したい。

2　A更生保護施設の特性と対象としての妥当性

次に、本書における対象であるA更生保護施設について記述する。

A更生保護施設は、少年を対象とした民間の施設である。主に少年院や少年鑑別所を退所した少年が二〇名ほど在籍している。在籍期間の目安は一年程度であるが、少年によってその期間は異なるため、少年たちの在籍期間は様々である。A更生保護施設における支援内容としては、生活指導・修学支援・就労支援・カウンセリングなどであり、これらの支援はスタッフが常駐して行われている。

少年たちは、他の更生保護施設と同様、自立のために就労に従事する。A更生保護施設の特徴としては、就労に従事する少年が多数を占めるなかで、全日制高校や通信制高校などに通う少年が一定程度在籍していることである。筆者が調査を行っている間、二〇名程度の少年が在籍しているなかで、いずれの時期も一割程度の少年が修学に従事している状況にあった。

以上の点を踏まえると、A更生保護施設に在籍する少年を対象とすることで、「非行経験者がどのように矯正施設を経て、教育機関へ移行していくのか」という本書の問いを具体的に検証できることが期待される。

3　インタビュー調査の概要

二〇一六年一二月より、A更生保護施設に在籍している／していた七名の男子少年を対象に、半構造化インタビューを実施した[*2]。インタビューは、A更生保護施設内にある個室で三〇分から一時間程度行い、施設職員や他の在籍少年など第三者に内容が聞かれないよう配慮した。

調査の実施にあたっては、A更生保護施設に調査の許可を得た。そのうえで、調査の趣旨を説明し、同意が得られた少年のみを対象とした。インタビューに関しては、少年に許可が得られた場合のみICレコーダーに録音し、その後逐語録を作成した。許可が得られなかったEさんについては、フィールドノーツという形で記録した。なお、施設名や個人名などが特定されないように、すべて匿名化した。また、意味を損ねない範囲で方言を標準語にするなどの修正を加えた。

本書における研究協力者の概要を表2-2に示す。七名のうち、少年院への入院経験がある少年は五名である[*3]。序章の注6で示したように、少年院へ入院するのは、一八歳や一九歳の年長少年が多くを占める。本書における研究協力者の少年院入院時の年齢（複数回入院している少年は初回の入院時の年齢）は、いずれも一八歳未満であった。少年院入院時の年齢のみで結論付けることは当然できないが、本書における研究協力者たちは、非行の深化が一定程度進んでいたことを示唆するものにはなるだろう。

七名に対するインタビューでは、矯正施設入所以前における学校経験は共通して聞き取りを行っている。他方で、少年院への入院経験の有無や教育機関への移行経験の有無は、少年によって異なっ

表2-2　研究協力者の概要

	インタビュー回数	少年院入院経験	移行先の教育機関	備考
Aさん	1回	あり（長期1回）	通信制高校	
Bさん	1回	なし(少年鑑別所)	フリースクール	
Cさん	6回	あり（長期1回）	全日制高校	約4年間継続（継続中）
Dさん	2回	なし(少年鑑別所)	通信制高校	約9ヶ月継続
Eさん	1回	あり（長期1回）	なし	録音なし
Fさん	1回	あり（長期2回）	なし	
Gさん	3回	あり（短期1回）	通信制高校	約1年間継続

ている。そのため、少年たちが語った内容には、少年院の経験を多く語る少年もいれば、矯正施設以前の学校経験を多く語る少年もいた。

また家族関係など全員に共通して聞き取りを行っていないトピックもある。家族関係については、聞き取りをできているなかでも、ひとり親家庭の少年が複数人いる。

本書のような質的データを用いる際に、しばしば問われるのがデータの代表性の問題である。この点に関して見田(1963)は、質的データを用いる意義を以下のように述べている。

> 活火山はけっして地表の「平均的」なサンプルではない。しかし活火山から噴き出した熔岩を分析することを通じて、地殻の内部的な構造を理解するための有力な手掛りがえられるのである。極端な、あるいはむしろ例外的な事例が、他の多くの平常的な事例を理解するための、いっそう有効な、戦略データとなることは、自然科学においてさえ多くみられる。(見田 1963: 22-23, 傍点原文ママ)

たしかに、本書におけるデータは、全国的に見ても数が少ない少年専用の更生保護施設に在籍する少年のインタビューという極端なものかもしれない。しかしながら、見田の指摘を踏まえると、A更生保護施設に在籍する少年という極端な事例であっても、非行からの離脱を検討するデータとして価値が全くないということにはならない[*4]。

しかしながら、平井（2015）も指摘しているように、「あらゆる調査研究は調査者の色眼鏡（バイアス）に基づく、特定の視点から切り取られた諸行為の集積である」（平井 2015: 128）ことにも目を向けなくてはならない。

本書におけるインタビューデータは、筆者の視点から切り取られたバイアスを持つという限界点があるものの、非行からの離脱過程を明らかにするためには、有効なデータであるといえるだろう。

注

＊1　コラージュ療法とは、「芸術療法の一つであり、雑誌などから好きな写真やイラストを切り抜いて台紙に貼り付けるもの」である。「言葉にできない感情を表現し、心理的な開放感や思考の深まりを促し、情緒の安定」を図ることをねらいとしている（法務省 2021）。

＊2　調査実施日を記載することは、調査を行った事実を示すうえで重要なものである。しかし、すでに述べたように、A更生保護施設で高校に通学している少年は、二〇名程度の在籍者のうち約一割である。さらに、少年の在籍はおおむね一年であることを考慮すると、調査実施日を公表することは個人の特定につながる可能性が高い。そのため、個人情報匿名化の観点から、本書では調査実施日を記載していない。ただし、複数回にわたってインタビューした少年については、その語りが何回目に得られたのかを示した。

＊3　少年の非行内容については、少年本人の希望によりデータの公表を控えている。

＊4　他の一般化可能性としては、読者による一般化可能性がある（Merriam 1998=2004）。

第3章　矯正施設入所以前の学校経験

第2章では、更生保護施設の概略を示すとともに、調査対象であるA更生保護施設の概要とインタビュー調査の概要について記述した。

本章以降では、A更生保護施設におけるインタビュー調査で得られたデータをもとにした分析を行う。本章では、研究協力者たちの矯正施設入所以前の学校[*1]経験を検討していく。

1　問題設定

本章の目的は、非行少年たちの矯正施設入所以前における学校経験を明らかにすることである。序章でも指摘したとおり、教育機関への移行を検討するうえで、彼らがそれまでに有する教育経験を参照する可能性は十分に考えられる。

第1章でも確認したが、学校と非行との関連に関する議論を改めて確認しておく。生徒文化研究では、学校間格差構造を背景として下位ランクに位置づく学校で反学校文化が形成されやすいと論じられてきた（岩木・耳塚 1983など）。また、非行の要因として学校不適応がたびたび指摘されてきた（原田 1991; 岡邊 2013; 矢島 1996など）。たとえば、矢島（1996）は「成績、授業への興味、勉強、進学意欲、教師との共感性、学校の規則の全てにおいて、非行少年には学校不適応の少年が多い」（矢島 1996: 234）と指摘している。

これまでの先行研究では、主に計量的手法によって、学校不適応と非行の関連が分析されてきた。学校不適応の指標として、原田（1991: 39）は、学校不適応の有無（初回非行時に「学校ぎらい」または「学業不振」が非行の原因となっていたかを警察官の判断によってなされたもの）を用いている。また岡邊（2013: 103）は、警察職員の判定で、「怠学」が非行の背景にあったと判定されたものを、学校不適応とみなしている。これらの先行研究では、非行少年たちは学校嫌いで学校不適応状態にあることが多いというネガティブな側面を示してきた。

他方で、〈ヤンチャな子ら〉の学校経験を分析した知念（2018）では、〈ヤンチャな子ら〉が教師を肯定的に評価している様子が描かれている。また志田（2020）が指摘したように、学校内で逸脱行動をとる生徒たちであっても、常に逸脱に対して肯定的にとらえているわけではない。

これらの指摘を踏まえると、仮に非行少年であったとしても、反学校文化に身を置き続けたり、「学校ぎらい」や「怠学」というネガティブな状態が維持され続けたりするわけではない可能性が浮かび上がってくる。そこで本章では、非行少年たちは、矯正施設以前における学校をどのように経験していたのかを明らかにしていく。

第2章でも述べたとおり、矯正施設入所以前の学校経験は全員に共通して聞き取りを行っている。

表3－1　本章における研究協力者

	インタビュー回数	人間関係のトラブル 対教師	対生徒	学校に対する肯定的な評価
Aさん	1回	○		
Bさん	1回	○		△（学校に対する抵抗はなかった）
Cさん	6回		○	○
Dさん	2回		○	
Eさん	1回		○	
Fさん	1回		○	
Gさん	3回	○	○	○

そのため、本章では男子少年七名のインタビューデータを分析対象とする。彼らの語った学校経験をまとめたものが表3－1である。

2　学校内における人間関係にかかわるトラブル

表3－1を見ると、七名全員が矯正施設以前の学校で、人間関係にかかわるトラブルを経験している。七名のうち三名が教師とのトラブルに関する経験を語っており、五名が対生徒関係でのトラブルを語っている。そのため、まず彼らが学校で経験した人間関係のトラブルに焦点をあて検討していく。

2－1　教師にかかわるトラブル

2－1－1　教師への反発心

教師にかかわるトラブルの一つとして、教師への反発心を語る少年が複数人いた。少年たちが教師に反発心を持つようになったきっかけは、少年によって様々であった。

Aさんの場合、教師への反発心を抱くようになったきっかけは、Aさんが男性の教師に対して、「暴言」を言ったことによるものである。Aさんは同性同士のため、そこまで問題だとは考えていなかった。しかしその言動に対して、教師が「カチンときた」ため、ケンカになったといい、その後は「毎日ケンカ」しているような状態だったといい、それ以来男性の教師が嫌いになったという（以下、下線は筆者による強調を示す。また、（ ）内の語句は筆者による補足である。地名等を伏せる際には「〇」を用いる場合がある）。

A：あぁ。自分は小四から男の学校の先生嫌いくて。あんま、よくケンカしてて。それで先生にも暴言言ってて。それで、カチンときたかはわからないけれど、それで先生もなんか胸ぐら掴んできたり。そういうのもあるから、そこから先生嫌いから、毎日ケンカみたいな。そんな感じ。

筆者：小四の頃から。大体、男の先生だったんですか。女の先生もあんまりなかった？

A：女の先生は、暴言とか言わなかったけど、男の先生だから、男同士だから、べつ大丈夫かなってみたいな思ってて。そこから暴言言うようになったら、先生もキレて、逆に悪くなったから。

志田（2021）は、逸脱行動を伴う生徒たちが教師や生徒の反応を引き出そうとして行う逸脱を「積極的逸脱」と名付けている。特に、積極的逸脱は教師との関係を築くための代替手段である「コミュニケーション系逸脱」としての機能があると論じている。Aさんの場合は、「男の先生だから」、「大丈夫」といっているように、最初は教師の反応を引き出すために、積極的な逸脱を行った可能性もある。しかし、教師が怒ったために、関係を築くことができなかった。その後、相互の関係性は悪化し、Aさんも教師へ反発するようになっていった。

Fさんも教師に対する反発心があったという。Fさんの中学校では校則が厳しく、Fさんは「縛りがきつい」と感じていた。さらに中学校における教師の指導が「暴力的」だったこともあり、その指導に対して反発心を抱くようになったことを語る。

筆者：で、中学校の頃はどうでした。普通に通学。

F：してましたね。

筆者：できてましたか？

F：はい。

筆者：その時、学校に対して、どういう感じを持ってましたか？　イヤじゃなかったですか？

F：結構、なんか小学校から上がってくるじゃないですか、なんかそれで。なんていうんですかね、校則とかもあって。決まりが厳しくて。なんか縛りがきついっていう、なんか印象は持ってましたね。

（中略）

筆者：最初に学校に行ったときに反発心みたいなのってありました？

F：ありましたね。

筆者：あったですか。あのー規則に対する反発っていう気持ちの方ですかね？

F：まあ規則と、先生たちに対する、まぁ人に対してっていうのがありましたね。

筆者：先生の厳しさ的な。

F：はい。ちょっと暴力的なところもあったんで。

先行研究でも、厳しい生徒指導は、生徒との対立を激化させるといわれる（片桐 1992）が、Fさんの場合も「暴力的」な要素を含む厳しい指導に対して反発心を抱くようになった様子がうかがえる。

教師の指導に対して反発心を抱くのは、校則などの生徒指導に限られたものでない。たとえばGさんは、部活動の顧問への反発心を語っている。Gさんが中学二年のときに新しい顧問が着任した。その顧問との関係性がうまくいかず、部活動で「でたらめ」するようになっていったという。

G：近く、自分の地元、二個あるんですよ、中学がですね。で、その二個目の中学の先生、なんか副顧問の先生が（中二の時に）来て、その先生がもう相当嫌いだったんです、自分。まあ、上の、自分たちの上の世代の人も大体言ってたんですけど、「無理」って。なんかもう、うん、そうです、なんかもう、「もう嫌」って、はい。だから、もう自分もでたらめしてましたもんね、部活。（二回目のインタビュー）

Gさんが教師への反発を抱くようになったことは、部活動の指導方針によるものである。Gさんは一年時の顧問と二・三年時の顧問を比較して、以下のように語っている。

G：（二・三年のときの先生は）どう頑張っても試合に出してくれないんですよ。一番最初の一年の（ときの）先生は、頑張り、だから、野球がどれだけ下手くそでも、頑張ってたら、それは頑張りを認めてやらなきゃいけないっていう先生なんですよ。けど、二年から三年の先生は、なんか実力が全てみたいな、もう勝利が全てみたいな、勝つことしか考えてないばかなんですよ。（二回目のインタビュー）

Gさんは、新しく来た部活動の顧問による指導を「勝つことしか考えてない」ものであったという。Gさんは努力をしても試合に出場することができない状況に置かれることになった。その後、試合に出ることができなかったGさんは「練習する意味ない」と感じ、部活動を退部した。退部することを顧問に伝えると、顧問からは引き止められたが、Gさんは断ったという。その後、部活動を辞めたGさんは、学校生活から離れるようになり、学校外で逸脱行動も行ったことがあったという。

以上、教師への反発心を語った少年たちの語りを検討してきた。少年たちが教師への反発心を抱くようになった主なきっかけは、教師の指導に対するものであるということがわかる。

2－1－2　教師の指導によって生じたトラブル

教師にかかわるトラブルのなかには、教師の指導が少年を「逸脱者」へと向かわせた事例もあった。Bさんは「勉強が嫌い」で、クラスの中でも「ダントツで外れて」いるように感じていた。授業中に席を立ってしまうこともあったという。

B：自分、その勉強が嫌いだったんですよ。で、周りとか見てても、真面目しかいないんですよ。だから、それで自分ダントツで外れて。その外れてて。まぁ席とか立ってしまうんですよ。なんかADHDって自分、言われてて*2。

Bさんに対して教師が取った指導は、教卓の横に座席を配置するというものであった。この対応をBさんは「自分的にはイヤだった」と否定的に語っている。しかし、「その外れた感じがいいですよね、逆に」というように、教卓の横に席を置かれたことを契機として、自身をクラスの中で「外れた」存在だとみなすようになっていった。

B：自分は、その机が目の前にあるんですよ。教卓の横なんですよ。で、それで自分みんなの方向いて、あれ、勉強させられてて。

（中略）

B：なんていうんですかね。自分的にはイヤだったんすけどね、あのー教卓の横とかは。でも一人だけ、その外れみたいな。わかります？

筆者：うん。

B：その外れた感じがいいですよね、逆に。だから、そこからもう学校来ないみたいな。もういいよ、みたいな。そしたら、学校からもう来るなって。もうじゃあ、わかった。じゃあ来ないから、昼飯だけ食べに来るわって。

Becker（[1963] 1973=2011：28）は、「逸脱者の烙印を押されることは、その人間のその後の社会参加と自己像にとって重大な影響をもたらす」といい、その最も重大な影響として「その人間の公的なアイデンティティの決定的な変化である」と論じている。これまでのBさんの語りを踏まえるならば、教卓の横への机の設置という烙印を押されたことを契機に、自身を逸脱者とみなしていくようなアイデンティティの変化が生じている。

そして、逸脱者としてのアイデンティティを獲得していったBさんは、不良グループに加わるようになっていった。

B：だから、それで、それならじゃあオレ学校来なくてよくね？　みたいな感じになって。で、それで、不良グループの中に入って。そっちの方が、やっぱ自分的には、居場所があったから良かったみたいな感じで。まぁ、向こう（不良グループ）の方が楽しいなって思って、もう不良グループの仲間に入って、っていう感じで。

不良グループに加入したBさんは、そこに「居場所」を感じるようになっていった。そして、不良グループの仲間と過ごす時間が多くなり、次第に学校には行かなくなった。そして、不良仲間と非行を繰り返すようになり、中学二年時に初めて逮捕されることになった。

Duxbury and Haynie（2020）は、学校におけるラベリングが、友人関係のネットワークの変化をもたらし、ラベリングを貼られた少年がより逸脱的な友人と親しくなることを明らかにしている。Bさんの場合もDuxbury and Haynie（2020）の指摘に通ずるところがある。つまり、教師から見せしめともとれるような指導をされたことを契機に、逸脱者としてのアイデンティティを獲得していくようになっていった。その後、不良グループに居場所を感じるようになり、友人関係が変化し、より逸脱行動に親和的になっていったものと理解できる。

2-2　友人関係におけるトラブル

2-2-1　いじめ

友人関係におけるトラブルもインタビューの中では語られた。なかでも、いじめを受けていたと語る少年が複数人いた[*3]。ここでは、CさんとGさんの語りを検討する。

Cさんは、小さいころから「いじめられっ子」だったという。A更生保護施設に在籍してからも「いじられキャラ」が続いている[*4]。Cさんは自身が「いじめられっ子」や「いじられキャラ」になるのは、「体質」によるものだと考えている。そのようなCさんは、小学二年生のころに、「クラス全員に無視」されることを経験したと語っている。

筆者：その（学校が）イヤだったたっていう時期は、どういう時期だったたっていうのか覚えてる？　あの、こういうのがあってイヤになりだしたなみたいな。

C：自分、ほんと小さいころ、三歳とか四歳とか、それぐらいからいじめられっ子だったたんですよ。で、もうここ（A更生保護施設）でも、そんないじめられはしないんですけど、まあいじられキャラで。まぁ、やっぱみたいな。そういうなんか体質なんですよね。で、やっぱそれで、いじめられて。小学校二年生のころだったかな。クラス全員に無視されたんですよ。で、それ（クラスで無視されていること）を先生に相談してもわかってくれなくて。母親に泣きついて。で、それが表ざたになったら、今度はチクリっていわれて、またいじめられてみたいなこともあったんですね。で、一気になんか、意味の分からない気持ち悪いだの、暴言を吐かれて、でいうことがあって、もう学校行きたくないってなって。（一回目

のインタビュー）

いじめを受けた子どもたちの多くは、教師や親などの他者に相談したり、自分の力でなんとかしようとしたりする対処行動をとる（久保田 2004）。Cさんの場合も教師や母親に相談をしている。Cさんは教師や保護者に相談したことを、いじめをしていた人に知られると「チクリ」といわれ、「暴言を吐かれ」たという。ただし、どのようなときにCさんが暴言を言われたのかは語られていない。教師が加害者を特定できない場合は、いじめの歯止めがかかりにくくなる（久保田 2004）が、「先生に相談してもわかってくれな」かったというCさんの場合も、教師が加害者を特定できなかった可能性があると考えられる。Cさんの場合は、教師や母親への相談がいじめの加害者に知られると、より一層いじめが深刻化していった。

C：で、学校行ったら、誰も話し掛けても、誰もいないように振舞って全員無視しようとか。あと、まあ、物がなくなったりとか、まあ、叩かれたりとか、そういうこと結構あったんですよ。（四回目のインタビュー）

このCさんのインタビューにもあるように、クラス全員から無視されたこと以外にも、「物がなくなったり」、「叩かれたり」といったいじめを受けていたことを、Cさんは語っている。

その結果、Cさんは次第に不登校傾向になっていった。Cさんが学校に通うことができていなかったのは、「小学校四年のときがピーク」だったという。その後、いじめられることは少なくなっていったものの、不登校傾向は中学生になっても続いていたという。

C：で、中学校の頃とかも、まぁ勉強も、そうですね、授業さえ受けてれば、点数取れるとは、先生に言われたんですけど。やっぱり、その授業でさえ、もう、面倒くさかったし。どっちかっていうと、ゲームとかアニメとか、自分そういうの好きなんで、没頭しちゃって。で、もう遅くまで起きてて、で、次の日眠くて学校行かないってなって。どうせ、行ったって何もないしみたいな、なって。もう学校イヤやなーって思って。で、もう、まぁそうですね。中学一年、二年くらいまでは嫌いでしたね。中一の終わりくらいまでイヤでした。（一回目のインタビュー）

学校を「中学一年、二年くらいまでは嫌い」だったと語るCさんは、当時学校不適応状態にあったと考えられるだろう。Cさんは、不登校傾向にあった時期は、「ゲームとかアニメとか、自分そういうの好きなんで、没頭」したと語っているように、学校外の社会へ自身の居場所を求めるようになっていったといえる。森田（1991）は、近年ではアニメ、ファッションといった学校社会外に離脱回路を求める環境があると指摘するが、Cさんも同様の傾向にあったといえる＊5。

次にGさんの語りを取り上げる。Gさんは、いじめのきっかけを自分の思ったことを相手にいうことでトラブルになったことと語っている。

G：はい。いや、自分がぽんぽんぽんぽん言うんですよ、やっぱ、自分の思ったことを。（中略）「なんでおまえみたいなやつに、そんな言われないけないの？」みたいに言われたので、「いや、おまえみたいなやつって、逆におまえみたいなやつになんでそんな言われないけないの？」みたいな、そんな返したら、それ、もうそっからですね。もうみんなにいじめられ、いじめられるっていうか、もうなんか仲間外れにされるとか、なんかちっちゃいことしかしないんですよ。だから、なんか、なんかあるんだったら言う、堂々とぽんって言えばいいじゃないですか。けど、なんかそういうことしないから、はい。（二回目のインタビュー）

すでに述べたように、Gさんは、一学年上の兄と当時の顧問からの勧誘もあり、野球部に入部している。しかし、中学一年生のときから部活動内でいじめがあったという。そして、中学二年までは兄が同じ部活動内にいたために、「頑張ろう」と思えたと語っている。

しかし、Gさんが中学三年生になり、兄が中学校を卒業することで、「止めてくれる人がいな」くなるといじめがエスカレートしていった。いじめを止めてくれる存在だった兄の卒業もあり、Gさんは中学三年のはじめに野球部を退部する。

筆者：部活は結局最後までやった？　中三まで。

G：いや、中二の終わり、あ、中三の始まりでもうやめましたね。

筆者：うーん。

G：で、兄ちゃんがまだいたんで、そのとき、中二の頃はですね。いたんで、やっぱその耐えられたっていうか、頑張ろうって思えたんですけど、兄ちゃんが卒業して自分たちが一番上なって、やっぱそこでいじめられがあるんですけど、止めてくれる人がいないじゃないですか。で、自分、先生も好きじゃないし、（中略）もう試合にも出れなかったんですよ、自分、嫌われてたからですね。（二回目のインタビュー）

ここまでの議論を整理する。いじめを受けた経験について、CさんとGさんの二名の語りを取り上げ、検討してきた。二名ともいじめを受けたことに対して、何かしらの対処行動をとっていた。Cさんは、学校社会外に居場所を求めていた。Gさんの場合は、いじめがある部活動を退部していた。つまり、いじめを受けている環境から距離を取ることで、いじめを受けることを回避する戦略をとったと考えられる。

2-2-2　周囲の友人からの孤立

いじめのほかにも友人関係におけるトラブルもインタビューの中では語られた。「縛りがきつい」と語っていたFさんは、厳しい校則のもとでも校内では「自由に」ふるまっていたといい、周囲に暴力的にふるまってしまったこともあり、「一人になることが多かった」という。

F：いや、なんか、なんていうんですかね。あのまぁ、自分のやりたいの結構やってたんで。あの縛りがきついってのをさっき言ったじゃないですか。そういうのでも自由にやってて。やっぱなんか、暴力とかも周りにふるってた部分があって。それで結構なんか一人になることが多かったですね。まあ、周りの子からしたら、怖いと思うんですよね。自分結構体とかも大きいんで、周りの子からしたら、まぁ怖いっていう感じもあったと思うんで。そういうところでやっぱこう学校の中で孤立してしまう部分は確かにあったと思いますね。

またFさんは、部活動にも加入していたが、部活動内でも人間関係がうまくいかず、孤立していたと語っている。

F：いや、なんかあんまりこうなんか、特定のこう、誰々が仲いいみたいなほとんどなかったんで。部活動とかも野球、自分してたんですけど、なんかそこでもあんまりこううまくいかなくて。孤立することも結構多かったです、はい。

Dさんは中学一年の後半から昼夜が逆転したような生活をしていたという。そのような生活を送るようになったきっかけとして、学校における人間関係のトラブルがあったことを語っている。人間関係が「ギクシャク」するようになってからは、中学校では「仲間と一緒にいる」時間を過ごしていた。

D：まぁ、一般の家庭とは、別の生活ですね。逆転してましたね、はい。家にいなかったりだとか、そういう感じですね。
筆者：そういった生活になり始めた時期っていうのは、大体どれくらいの頃ですか。
D：そうですね。中学校後半くらいですかね。中一の後半くらい。
筆者：えっと、その頃の生活が昼夜ひっくり返ってみたいな。
D：そうですね。
筆者：それは、何でそういう生活になっちゃったんですか。
D：あの、たぶん周りとの関係とか、人間関係で、そういう風に。
筆者：ちょっとギクシャクしちゃってみたいな。
D：はい。
筆者：えっと、ギクシャクしてる頃っていうのは、学校にもあんまり。

D：学校行っても、もう、何もしないで、仲間と一緒にいるだけみたいな。（一回目のインタビュー）

以上のことからも、いじめを受けたことのほかにも、彼らの学校経験は人間関係に影響されているということが示唆される。インタビューからは、人間関係のトラブルにより、学校内で孤立してしまったり、学校に行っても何もしない時間を過ごしたりしている様子がうかがえる。

3　学校に対する肯定的な意味づけ

前節で記述してきたように、少年たちは学校内でトラブルを経験している。しかしながら、彼らはそのような経験をしている学校を否定的にとらえているばかりではない。彼らからは学校に対して肯定的にとらえている様子も語られた。そこで、本節では彼らが学校に対してポジティブに意味づけていた内容を論じていく。

3－1　人間関係の変化によるトラブルの解消

これまで見てきたように、少年たちは対人関係にかかわる種々のトラブルを学校で経験している。しかし、彼らが経験したトラブルは解消されないものなのだろうか。まず、次のCさんの語りをみてみよう。前節でみてきたように、Cさんは小学校低学年から不登校傾向が続いていた。不登校傾向は、Cさんが中学校進学後も続いていたが、中学二年生になるとクラス替えがあり、徐々に登校できるようになっていったという。

C：で、ですね。中学二年生のころですかね、当時二年○組だったんですけど、○組の子たちがすげーいい子たちで。で、自分当時iPod touchっていうタブレットでLINEやってたんですけど、「明日も来いよ」とか学校休んでしまっても、「明日こそ来いよ」とかLINEで言ってくれたりとか。(学校に)来たら、「おーC！」みたいな。相当いいやつばっかり。(中略)正直、イヤだけど、でも、そいつらが自分好きだったから、だから頑張らないとって思って。頑張って学校行き始めて。それで、学校行けるようになって。だからそこですかね、転機っていうか。学校が嫌いじゃなくなったきっかけっていうのは。

(中略)

C：で、なんていうか、その生徒との距離感も程よかった。そういう密接だけど、行き過ぎはしないみたいな。そういう程よい関係が保ってたし、怒るときはちゃんと怒ってて、いい先生で。

(二回目のインタビュー)

Cさんは、クラス替えに伴い友人関係が変化したことを自身の転機と位置付けている。このようにCさんの場合は、学校に対する意味づけがネガティブなものからポジティブなものへと変化している様子がうかがえる。

またCさんは、「親友」の存在が大きかったと語っている。

C：まあ、親友って呼べるやつが一人いたし、それはもう年齢上がってくるにつれて、も、途中その親友は小学校五年生で転校しちゃうんですけど、(中略)ただ、まあ、自分、学校嫌だったし、学校行かないでほっつき歩いてみたいな。でもやっぱ、その周り、新しくできた、その、そんときの小学校んときの親友以外にも、まだ親友って呼べる人が出てきてから、で、ほんとに俺を毎日、こう、起こしに来てから、「おお、もう学校行くぞ」みたいな言ってくれたりとか。部活さぼってたから、「おまえ、部活来いよ」って言ってくれたりとか、やっぱそういう友達の存在ってやっぱ大事やなって思いますね、それがあったから。（四回目のインタビュー）

Cさんのインタビューからは、人間関係の変化はトラブルを解消する場合もあることが示唆される。つまり、少年たちはいったんトラブルを抱えたとしても、それを抱え続けている存在ではないということである。特に、支えてくれる友人の存在が、Cさんの学校に対する意味づけの変化に大きな影響を与えていることがうかがえる。

3－2　学校内における対人関係の変化による即自的な満足感

他方で、部活動でいじめを受けていたGさんは中学校時代を「楽しかった」と語っている。なおGさんの学校が楽しかった理由は、交際相手と遊べるからというものである。

筆者：えっと、この中学校の期間を、休むことはなかったですか。
G：あ、たま、たまにありました。「もうめんどくさいからって、寝よ」っていって。ほんと、でも、でも一日とか二日とか三年間で。
筆者：ああ、そうなんだ。ちゃんとずっと行ってたんだね。
G：はい、そうですね。学校は普通に楽しかったんで。

筆者：ああ、そうなんだ。どういうところが楽しかったですか。

G：彼女と遊んでました。（二回目のインタビュー）

Gさんの語りからは、中学校に通う意義を交際相手と遊ぶことに見出していたと考えられる。たしかに、交際相手と遊べるから学校が楽しいというGさんの語りは、学業達成や地位達成に対するドライブがかかったものではない。しかし、かといって、先行研究で指摘されるような、学校に対するこだわりが希薄化しているかといえば、必ずしもそうとはいえないだろう。それは、学校を「めんどくさい」という理由で欠席したことは三年間で「一日とか二日とか」というGさんの語りからも推察できる。

森田（1991）は、不登校を押しとどめる要因について言及し、学校における現在の活動それ自体の中に充足価値を満足させるものがあるかどうかによってその活動の場へのつながりの強弱が左右されると論じている。すなわち、Gさんは学校で「彼女と遊ぶ」ことにより、コンサマトリー（即自的）な満足感が得られていたと推察でき、この経験がGさんの学校の楽しさにつながっているものと考えられる。

さらにGさんのこの語りで注目したい点は、「楽しかった」と語る中学校時代は、彼がいじめを受けていた時期と重なるということである。すなわち、Cさんと異なり、いじめを受けていた時期であっても、学校に対してネガティブな意味づけとポジティブな意味づけが共存しているということである。

4　まとめと考察

本章では、非行少年の矯正施設入所以前の学校経験を検討してきた。ここで非行の原因としてたびたび指摘されてきた学校不適応との関連を考察しておきたい。

インタビューにおける語りに注目すると、彼らは対教師や生徒同士でトラブルを経験していた。彼らのトラブルの背景には、教師への反発心や友人関係におけるトラブルがあった。これらの経験は、先行研究で指摘されたような学校不適応とたしかに関連しているようにみえる。

たとえば、教師のラベリングが原因となって、不良グループに所属し学校を欠席しがちになったBさんの事例は怠学と判定される可能性がある。Cさんも学校を「嫌い」だった時期があると語っている。

しかしながら、彼らはトラブルを経験しながらも、自身の学校経験をネガティブにとらえているばかりではなかった。クラス替えによる人間関係の変化や交際相手の存在による即自的な欲求充足は、彼らの学校経験をポジティブなものにしていた。ここから示唆されることとしては、一見学校不適応状態に見えるような場合であっても、少年たちは自身の学校経験を肯定的にも否定的にも両義的にとらえているということである。

そのうえで、友人関係におけるトラブルとして、複数の少年からいじめを受けた経験が語られたことは看過できないだろう。そのため、この点についても考察を加えておきたい。非行少年は、いじめをする存在としてイメージされがちだが、いじめられた経験を持つ少年は一定数存在することが報告されている（作田 2020a）。

先行研究のなかには、不良グループや非行仲間集団内の先輩―後輩の関係性から暴力的な被害を受けていることが描かれているものもある（山口 2013; 打越 2019; 都島 2021）。都島（2021）は、犯罪・非行からの「立ち直り」を検討する際には、被害からの「立ち直り」も同時に検討する必要があることを述べているが、非行の原因を検討する際にも同様に、少年たちの被害経験を考慮することが重要であろう。

なお、いじめを受けた経験がどのように非行や逸脱行為と結びつくかは、本章では検討できていない。国外では、いじめを受けた経験と非行や逸脱行動との関連を分析したものがある（たとえばCullen et al. 2008）が、国内では十分に検討が行われていない領域であり*6、今後の課題の一つといえるだろう。

注

*1 序章でも述べたが、本書が教育機関という語を用いるのは、「後期中等教育機関」に対してのみである。本章の分析は、少年たちの小学校や中学校時代の経験であり、当時の彼らの中に民間の教育施設へ通う少年はいなかったため、本章では「学校」という語を用いている。

*2 診断の有無については、語りの中では得られていない。

*3 ここで取り上げる少年のほかに、Eさんもいじめを受けていた時期があったことを語っている。Eさんは、いじめを受けていた時期も学校には登校することができていたという。

*4 なお一回目のインタビュー時は、CさんがA更生保護施設に在籍して間もない時期に行われたものである。当時は、CさんがA更生保護施設在籍者の中で最年少であり、Cさんより年上の在籍者しかいなかったために、

Cさんが「いじられキャラ」になった可能性がある。

＊5　作田（2020b）は、少年院在院中の非行少年に対して行った質問紙調査の結果から、非行少年の学校生活を論じている。その結果によれば、学校生活で孤独を感じている少年ほど学校外の生活に楽しみを見出す傾向があるといい、学校内に居場所がないという。

＊6　これまでには、複数の非行歴を持つ少年のほうが、非行歴のない少年よりも虐待被害の経験が有意に大きいことが報告されている（岡邊・小林 2005）。

第4章　少年院の経験と進路希望の形成
——教育機関への移行を希望する少年に着目して——

第3章では、矯正施設以前の学校経験を検討してきた。少年たちは、教師たちの指導に対する反発心や友人関係におけるトラブルを経験していた。その一方で、彼らは学校経験を肯定的にも意味づけている側面があることを指摘した。

本章では、少年院出院後に教育機関への移行を希望する少年院入院経験者に焦点を当て、彼らの少年院における経験と出院後の進路希望の形成過程を検討する。

1　問題設定

本章の目的は、少年院における経験と進路希望の形成過程を明らかにすることである。本章では、出院後に教育機関への移行を希望する少年に焦点を当てる。

すでに述べたとおり、これまでの先行研究では、少年院内部における少年の変容過程に重点が置かれてきた（仲野 2012; 稲葉 2012）。一方で、少年の変容は少年院内では完結しない側面があることも指摘されている（都島 2013a, 2013b）。たとえば、都島（2013b）は、少年院処遇と非行仲間の関係性を検討し、少年院の教育環境は、少年が非行仲間うちでの経験と関連付けることでスムーズに保たれていることを明らかにした。

他方で、非行少年が少年院を出院したのちに、どのような生活をしているのかといった視点からも研究が行われてきた。第1章で述べたとおり、相良（2013）は、矯正施設内における変容の維持を社会の中で維持することを少年が問題にしていたと指摘する。また都島（2021）は、非行少年たちは、就労に従事し再犯が抑止されることで、「元」非行少年としてのライフスタイルを獲得していたと論じている。

しかし、これまでの先行研究では、少年院出院後の進路をどのように少年たちが選択したのかという過程は明らかにされてきていない。そこで本章は、少年院入院に至るまでから少年院での処遇時、そして出院後の社会内処遇への移行を視野に入れ、少年の語りにもとづき、彼らが少年院をどのように経験しているのか、そして出院後の進路希望をどのように形成していくのかを分析していく。

本章では、少年院への入院経験があり、出院後に教育機関への移行経験がある少年を対象に分析を行う（表4-1）。なかでも、複数回インタビューをすることができた二名（CさんとGさん）のインタビューデータを分析する。なお、二名の少年院への入院経験は、Cさんが長期処遇に一回、Gさんが短期処遇に一回である。そして、二名の少年院出院後における移行先は、Cさんが全日制高校、Gさんが通信制高校である。

表4－1　本章における研究協力者の概要

	インタビュー回数	少年院入院経験	移行先の教育機関
Cさん	6回	あり（長期1回）	全日制高校
Gさん	3回	あり（短期1回）	通信制高校

2　少年院入院に至るまでの生活と少年院の経験

2－1　少年院入院に至るまでの生活

本節では、彼らが少年院に至るまでの生活と少年院内の経験を検討する。まず少年院への入院以前に、彼らが経験していたことについて確認する。その後、彼らの少年院の経験を確認していく。以下は、少年院に入院する以前の生活について、Cさんがインタビュー内で語った場面である。

C：ただ、えっとまぁ、自分の思い通りにならないことで、まぁ、その、周りの気持ちとか相手の気持ちとか、それを考えずに突っ走って。
（中略）
C：やっぱ、非行してから、やっぱ犯罪に対してっていうか、悪いことすることに対しての、まぁ認識っていうのが変わってて。（一回目のインタビュー）

Cさんは、自身の非行の原因を「自分の思い通りにならない」ために、「突っ走っ」たことだと語る。そして、非行を行ったときは、「悪いこと」に対する認識が変わっていたという。非行を行っていた当時、Cさんの認識がどのように変わっていたかについては、Cさんが少年院入院後に、自身の変化した点を語っている部分を参照する。

C：（少年院に入って）規範観念っていうのがだんだん上がってきて。考えるうちに。で、少年院入って、不正、まぁ、ルール違反だけはしちゃいけないって、思って。周り、ルール違反して、なんか罰食らう、罰食らって（出院が）延びちゃったりとかいう人もいたんですけど。でも、そん中でも頑張って不正だけはしないように、不正だけはしないようにって、ずっと頑張ってたら、まぁトラブルとか、あと、自分の欠点直せてないとことかで、二ヶ月（出院が）延びたけど、それでも、まぁどうにか二三ヶ月までで食い止められる、って感じですね。（一回目のインタビュー）

Cさんは少年院に入院し、「ルール違反だけはしちゃいけない」と思うようになっていった。ここから、少年院入院以前にCさんの「悪いこと」に対する認識が変化し、少年院入院以前は規則やルールを破ることへの抵抗感が低かったと解釈することができるだろう。つまり、Cさんは、自分の思い通りにならないことがあった場合、規則違反やルール違反を伴う行動をとっていた様子がうかがえる。この語りからは、Hirschi（1969=2010）が提唱した社会的ボンド理論における規範観念(belief)*1が弱化している状態であったと指摘できるだろう。

Gさんも、少年院に入院する以前の生活を以下のように語っている。

G：ええ、やっぱ、その、まあ、（少年院に入る）前は、自分が今楽しかったらそれでいいとか、今が楽しかったらいいかなっていうふうに流されたり、まあ、そうやって、そういう考え

方で、まあ、生活してたけど。（一回目のインタビュー）

Gottfredson and Hirschi（1990=2019: 80）は、「犯罪行為は欲望に対して即座の満足をもたらす」ものであると指摘する。少年院入院以前は「自分が今楽しかったらそれでいい」というように、Gさんにとって逸脱行動は、即時的な満足感をもたらす行為であったととらえることができるだろう。

2－2　少年院の経験

2－1では、少年院へ入院する以前の少年の生活について確認した。少年院入院以前のCさんやGさんは、ルール違反をすることに対する抵抗感が弱くなっていたり、即時的な満足感を重視した生活を送っていたりしていたことを確認した。次に、少年院入院後の経験について検討する。

C：少年院では、すごいストイックなんで、生活が。だからストイックに生活しないといけないから、自分に甘いんですよ、僕は。で、だからそこでちょっと上手くいかなかったりだとか。あとは、ちょっと周りへの配慮が欠けるとこがあるんで。そこでちょっとトラブルになったりだとか。まぁ、したんですね。なんとかまぁ、本来やったら一一ヶ月のとこを一三ヶ月までで食い止められたんです。だから、そこは良かったかなとは思うんですけど。まぁ、そんな感じで。あんまり、こう、自分としてもいい時期じゃなかったなっていう。（一回目のインタビュー）

Cさんは少年院に入院していた時期のことを「自分としてもいい時期」ではなかったという。その理由として、他の在院者と「トラブルになった」ことをあげている。さらにCさんは、少年院に在院する期間が一一ヶ月から一三ヶ月に延長されたことを語る。そして、出院時期が延長されたことで、Cさんが希望していた現役での高校進学をすることができなくなった。これらの出来事が重なり、Cさんは「投げやりになった」こともあったという。

筆者：目に見えて自分の変化が感じ取れた期間だったってことですよね。

C：今思えば、ですね。当時は、やっぱ期間延びたりだとか。あと、自分どうしても現役で高校行きたかったですけど、行けなかったりだとかして。ほんと自分ダメだなーとか、何で、何で、ってなっていて。投げやりになったことも二、三度あったんですけど、それでも、今思えば、それも含めて（少年院に）入る前に比べてだいぶ成長したんじゃないかなと思って。（二回目のインタビュー）

Cさんは少年院に入院していた時期を「いい時期」ではなかったと解釈する一方で、少年院を経験したことで自分自身が「成長した」とも語っている。Laub and Sampson（2003）は、非行少年へのインタビューをもとに、少年院への入院が犯罪・非行からの離脱の転機となる場合があることを示唆している。Cさんのインタビューでは、少年院での経験を自身の成長の場と意味づけ、肯定的に解釈していることからも、少年院への入院を転機のきっかけととらえている可能性がある。

C：まあ、あのー日課とかはこなせていけば慣れるので。慣れていって、その中で、たとえば、他の在院生とぶつかる場面だとか。他の在院生が食ってかかられる場面だとか。先生にみんなの前で怒られるときとか。そういったときに、どう恥を抑えて、「はい、すいませんでした」ってきくとか。あと、陰口を叩かないとか、物に当たらないとか、そういったこと、いろいろ少しずつレベルが（上がった）。（中略）で、頑張って、頑張って、その最初の段階から求められる段階がだんだん上がっていって。まぁ一級生になる頃には、まぁ、三級生の頃のもう一人の自分と比べて、たった一年でぐんと成長して。で、その（少年院の）生活の枠にはまるようになって。（一回目のインタビュー）

このインタビュー場面においても、Cさんは少年院で過ごした「一年でぐんと成長し」たと語っている。Cさんは自身が成長したと感じることの例として「陰口をたたかない」ことや「物に当たらない」ことをあげている。これらの語りを踏まえれば、Cさんが少年院を経験したことで、自身の意識の変化や行動の変化を実感している様子がうかがえる。

また、ここではCさんの語りにある少年院での「生活の枠にはまる」という語りに注目したい。Goffmanによれば、全制的施設の被収容者は自己自身に関する役職者あるいは職員の見解を受け容れるように見え、非の打ちどころない被収容者の役割を遂行しようと努力を払う〈転向〉という調整法を用いることで、〈家郷世界〉と施設世界に生じる緊張を解消しているという（Goffman 1961=1984: 65）。また仲野（2012）が指摘したように、少年院内での変容は教官との語り直しによって果たされる。その場合、教官によって「望ましい」とみなされたものが少年の変容と解釈される。Cさんの語りからは、少年院側が求めている少年像を理解し、「望ましい」姿に近づくよう振る舞い、少年院との間に起こりうる緊張を軽減していたととらえることもできるだろう*2。

2－3　少年院内で生じる緊張

2－2ではCさんの語りから、少年院を自身の成長の場と肯定的に解釈していたことを述べた。そこでは、少年院側から求められる少年像を理解し、その少年像へと近づくことで少年院との間で起こりうる緊張を軽減している可能性を指摘した。

他方で、少年院での経験を肯定的に解釈できない場面があったことも少年たちは語っている。

C：就寝時間以外自由時間も一切寝ちゃいけないんですよ。疲れ取ろうにも取れないじゃないですか。もうそれのずっと悪循環ですよね。疲れはもうなんか精神的な疲れはとれないし、自由はないし。

筆者：それは、どういうところに精神的な疲れを感じる？

C：常に何かに縛られて、常にルールに強く縛られて。で、常にやっぱ周りとの連絡？情報の行き交いが遮断されてるってことですかね。なんかもう生活のすべてに、もう縛りを感じてて。だるかったっす。

筆者：それは言えた、先生に。言えないか。

C：言えないっすよ。言わないっすよ。だってそれが決まりなんすから。

筆者：ストレス感じてるのは自分で飲み込むしかなかった？

C：そうですね。どれだけストレスあっても、飲み込むしかなかったっす。居直ったら即、単独寮に入れられますから。（二回目のインタビュー）

Cさんは少年院での生活を「ルールに強く縛られ」ていて「だるかった」という。さらに、「ストレスがあっても、飲み込む」しかないと語る。なぜなら、全制的施設内での規則違反に与えられる罰は、〈家郷世界〉での罰よりはるかに厳しいものだからである（Goffman 1961=1984: 53）。それは、Cさんの「居直ったら、即単独寮に入れられ」るという語りにも現れている。つまりCさんの場合は、罰を回避するために、「だるかった」と感じることであっても、その状況を「飲み込」んで対処していたととらえることができるだろう。

またGさんもCさんと同様に、少年院内でのストレスを感じる場面があったという。Gさんは少年院内でのストレスへの対処について以下のように語っている。

筆者：その、少年院の中にいるときとかのストレス減らす方法って、どうやってやるんですか。
G：いや、ないです。
筆者：ないんだ。
G：取りあえず、止めてました。
筆者：でも、どっかで抑えないといけないんだよね。
G：はい。
筆者：ああ、ない。
G：ないです。
筆者：ないんだね。ない、ないのきついね。
G：はい。やっぱ自分のそのストレス発散の方法が、そのときまだ分かんなくて。分かってたんですけど、少年院の中でできることじゃないんですよ、全部が。だから、はい、そうですね。なかったですね。
筆者：はあ、ああ、なるほどね。
G：とりあえず、耐えてました。まあ、半年だからと思って、取りあえず、耐えてました、ひたすら。（一回目のインタビュー）

Gさんは、自身のストレスの発散方法を「少年院の中でできることじゃない」といい、Cさんと同様に、少年院内で生じるストレスは「耐える」ことで対処していた。ただし、Gさんの場合は「半年だからと思って」という語りにもあるように、半年間という期間の限定性が、「耐える」という対処戦略に影響を与えた可能性もある。

3　少年院内における進路希望の形成

3－1　少年院入院初期からの進学希望

2節では、少年たちが少年院に至るまでの生活と少年院での経験について検討した。本節では、彼らがどのように進路希望を形成していったのかを検討する。

以下は、少年院出院後に希望する進路についての語りである。Cさんは、少年院入院初期から希望する進路が決まっていたことを語る。

筆者：うん、うん。そのまずさ、少年院生が、進路を考えだすのはどれぐらいの時期のことなんですか。

C：人によってまちまちじゃないですか。自分、結構早かったと思うんですよ、進路固めるの。自分から、もうすでにやりたいことってのは、がっちり決まってたからですね。（四回目のインタビュー）

Cさんは自身が進路を決定した時期は「結構早かった」と語る。その理由として、「やりたいこと」が「がっちり決まってたから」だという。Cさんの「やりたいこと」とは、全日制高校への進学である。Cさんは少年院に入院した当時から高校に進学したいことを教官に伝えていたと語っている。

C：（少年院に入院して）すぐ言いました。面接したときに、進路どうするんか、みたいな、「自分、高校行きたいです」って、「どんな高校？　通信か」って言われて、「いや、俺はもう普通の高校行きたいです」って、「難しいぞ」って言われて、「それでも自分は行きたいです」って。（四回目のインタビュー）

Goffmanによると、全制的施設への被収容者は、「施設に入所する時点まで自明とされていた生活様式ならびに習慣的な活動」（Goffman 1961=1984: 14）を持ってくることが特徴であるとされている。Cさんはインタビュー中に、高校へ行くことは「一〇代の健全の象徴みたいな」ことであると語っている。この語りにも現れているように、Cさんにとって「高校へ進学する」ことは、社会の中では自明のことであるととらえている様子がうかがえる。

また進路選択に当たっては、自身が積極的に関与していったことを語っている。

C：で、勉強の過程とか書いたりとかしたら、「こうしたほうがいいよ、ああしたほうがいい」って言われたりとか。ただ、どっちかっていうと勉強とか進路のことよりも、やっぱ自分の人格形成とかそっちのほうが、全然重きに置くのが少年院なので、どっちかっていうとやっぱそっちのほうの助言が多かったです。そっちの助言が八割九割と、進路の話はもう自分でもうぽんぽん決めていきました。（四回目のインタビュー）

インタビューから確認できるように、Cさんは、少年院入院後の早い時期から出院後の希望進路を高校進学と決めていた。そして、出院時まで希望進路は変化しなかったという。

それでは、Gさんはどうだろうか。Gさんが少年院在籍時、どのように自身の進路希望を形成していったのかについて語った場面を取り上げる。

筆者：そう、ええと、学校行かないといけないと思ったのは、どれぐらいの時期ですか。少年院入って。
G：いや、学校行きたいって、まあ、元々（少年院に入ったときから）言ってて。
筆者：ああ、そうなんですね。
G：はい。元々、まあ、元々、学校行ってたんですよ。
（中略）
G：いや、自分はその中学のときは別に楽しかったんで。
筆者：ああ、そうなんだ。
G：で、あと先生が、自分ときの先生がいい先生で、学年主任と担任の先生ですかね、が、結構自分にしてくれて、よくしてくれたから、そうですね、そこはうれしいっていうか。（二

回目のインタビュー）

Gさんも C さんと同様、少年院に入院した当初から進学希望を持っていたことを語っている。そして、進学希望を持つに至った背景として、中学校時代の学校経験をあげ、「楽しかった」と肯定的にとらえている。つまり、Gさんは学校に対する肯定的な解釈が、少年院出院後の進学希望に影響を与えていると考えられる。第3章で示したように、Gさんは学校に対して肯定的に評価している様子があった。その肯定的な評価が、少年院入院後も維持されていることがうかがえる。

さらに、Gさんは自身の進路形成の過程を、以下のように語る。

筆者：この、何ていうの、進学っていうかね、学校のほうはどうやってこう調整してるっていうのは。

G：は、自分は、と、自分が親に言って、親がもう学校と話して、あとここ（A更生保護施設のスタッフ）話したりして、で、もうなんか三人で連携取ってしてましたね。（二回目のインタビュー）

Gさんは、自身の進路先の選択について、少年院在籍時にまず家族へ伝えたという。その後、Gさんの家族と、A更生保護施設と進学先の学校とで連携をとって進めていったことが語られる。Cさんや G さんの語りからは、出院後の進路を自らの意志によって決定していった様子がうかがえる。

3-2　進路希望を保持することで生じる緊張

3-1では、少年たちが少年院へ入院した当初から進学希望を持っていたことを確認した。しかし、少年院内での処遇に対して緊張が生じていた場面があったように、自身の進路志望を少年院内で保持することは、緊張を生じさせることもある。以下は、Cさんが高校への進学希望を教官へ話した際に、教官から受けた評価について語っている場面である。

C：でも自分は、そういう話を、まあ、自分も高校、全日制の高校なんか無理って、「おまえ行けるわけねえ」って言われて、俺は歯がゆかった、歯がゆかったし、絶対やってやると思ったし、逆にそういう、ほら、あの、夢を諦めないじゃないですけど、簡単にこう、現実的にすぱっと切ってしまうのは嫌いなので、俺はそのときの、とにかく（少年院の）先生が嫌いだったです。

筆者：ああ、そういうのね。

C：そうです。「そんな簡単に無理とか言うなよ」って、「まあ、見とけ」って、「俺、絶対、俺、高校行くから」って。（四回目のインタビュー）

Cさんは、少年院から全日制高校への進学を希望していることを教官に伝えた。その際、教官からネガティブな評価をされたことを語る。ただCさんの場合は、「そんな簡単に無理とか言うなよ」と語るように、教官からネガティブな評価を受けて、より高校への進学アスピレーションを高めている。そしてCさんは、教官が「現実的に割り切ってしまうところが好きじゃなかった」とも語っている。なお『令和二年版犯罪白書』によれば、少年院出院者のうち、進学決定者は全体の約一%

である。このような実際の進学決定者数の少なさを理解しているため、Cさんの希望を教官は「現実的ではない」とみなした可能性がある。

教官からのネガティブな評価の他にも、少年院内で行われる教科指導もCさんにとって緊張を生じさせるものであった[*3]。

C：いや、でも正直、もう学習の質はすごい悪かったと思います。だって、みんなレベルが違うから、自分みたいにある程度勉強分かる人もいれば、全然分からない、もう足し算、引き算しか分からないって人もいる、いるから、大体もう学ぶのは中学一年生の範囲だけなんですよ。

筆者：うん、できるのがね。

C：そしたら、(中学)二年、三年どうするかっていったら、もう独学しかないんですよ。(四回目のインタビュー)

Cさんは自身にとって、少年院内での「学習の質はすごい悪かった」という。その理由として、少年たちの学力差をあげている。そして、少年院内で行われる教科指導のみでは、高校受験の学習範囲を十分に学習することはできず、「独学」で学ぶことが多かったという[*4]。

この語りは少年院内で行われている職業指導と比較すると対照的である。職業指導は、「少年の個別指導が集団指導の訓練内容に埋め込まれ」[*5](広田ほか 2012: 223)ている。この職業指導の場面では、集団全体で課題を共有しつつ、少年個別の課題の克服が並行的に行われている様子が描かれている。

一方で、Cさんのインタビューからは、教科指導の場合はそれぞれの少年の学力差が大きいことが予想される。また、教科指導を受けている少年全員が進学希望をしているとも限らないために、集団全体の課題となりづらい状況にあることが推察される。つまり、学習の課題が少年個人の課題に留まることで、進学を希望する少年は、少年個人が少年院以前に、もともと有していた教育アスピレーションに依存する状況が生じている可能性がある。

4　まとめと考察

本章の目的は、少年院処遇の経験と少年の進路希望の形成過程を明らかにすることであった。元非行少年へのインタビュー調査で得られたデータを分析した結果、本章で得られた知見は以下の二点である。

一点目に、少年院入院以前から少年院を経験するまでの過程を分析したところ、少年は、少年院での経験を肯定的にも否定的にもとらえていることが明らかになった。少年院に至るまでの生活では、少年たちはルール違反をすることに対する抵抗感が低下していたり、即時的な満足感を求め逸脱行動を行っていたりしていた。他方で、少年院入院後については、少年院を自身の成長への転機の場と意味づけている様子が語られた。その一方で、少年院内で過ごすことで生じる緊張を抱えていることも少年たちからは語られた。以上を整理すれば、少年は少年院という場で、緊張を生じる場面がありながらも、非行からの離脱に向けて自身の意識を変容させているということが示唆された。

二点目に、少年院入院後における進路希望の形成過程を分析したところ、少年は、少年院入院後の早い時期から進学希望を形成していたということが明らかになった。インタビューでCさんやGさんは少年院入院当初から、少年院出院後は進学する意志を固めていた。つまり、少年院入院後すぐに、少年院からの進学が、少年院内での彼らの「やりたいこと」になっていたと考えられる。そして、自身の進路形成に当たって、少年は入院する以前の社会を参照していることも示唆された。しかし、この少年院内において進学希望を保持し続けることは、時に少年に緊張をもたらすものでもあった。以上を整理すれば、今回の事例からは、高校進学の場合、少年の進路に対する意識は、少年院入院初期から形成され、それは変化しづらいものであることが示唆された。

ところで、大多和（2014）は、進路多様校の進路指導を検討している。そこでは生徒の「やりたいこと」にもとづく進路選択のサポートが生徒支援の中心であると述べる。ただし多くの場合、生徒の「やりたいこと」は多様であり、学校が想定する進路以外を希望することが多くなると指摘する。そこでは、生徒の自主性を生かしつつも、それを現実的な進路選択といかに関係させるかが課題になると述べる。

本章における知見を踏まえるならば、少年の「やりたいこと」と、少年院が想定する進路とが一致しない場合の対応が、より慎重に求められるということになるだろう。本章におけるCさんの場合は、全日制高校への進学という「やりたいこと」が、少年院の想定していた進路ではなかった可能性もあり、否定的に評価された。その結果、自身の教育アスピレーションに依存するという状況が生じていた。なお現在、少年院内における修学支援の具体的な取り組みが始められようとしている。その一例が、序章でも述べたように、少年院に高校教育を導入するというものである（『朝日新聞』

2020. 6. 26 朝刊、37面）。出院後に修学を希望する少年にとっては、少年院内における資源が増えることになる。ただし、本章の知見を踏まえるならば、このような少年院内での修学支援が少年個人の教育アスピレーションに依存しない状況を作ることは、少年院内での修学支援のみならず、少年院出院後の修学支援を含めて重要になるだろう。

本章では、少年院における処遇の差（長期処遇／短期処遇）が進路希望の形成に与える影響については、十分検討できなかった。今後の課題としたい。

注

＊1 Hirschiは、「ある社会や集団には広くゆき渡った価値体系というものが存在」（Hirschi 1969=2010: 36）すると述べる。つまり、規範観念の弱化とは、広くゆき渡った規範が破られることを意味する。

＊2 都島（2013b）は、少年院在院生が少年院を早く出院するために、変容を「偽装」する場合があることを描いている。今回のCさんの語りからは、変容を「偽装」したかは解釈できないが、「生活の枠にはまる」ことで、少年院を早く出院することができると考え、「偽装」がなされている可能性もある。

＊3 序章でも述べたとおり、少年院での教科指導は、少年院教育の一つの領域を構成している。少年院の教育は生活指導、職業指導、教科指導、体育指導、特別活動指導の五つの領域があり、このうち教育の目標の中心となっているのは生活指導である（広田 2012: 23-24）。

＊4 この事例のみをもって、少年院内で実施される教科指導が効果を発揮していないと判断することは早計である。

＊5 広田ほか（2012）で示されている場面は、職業補導とＳＳＴを組み合わせた場面であるという点に留意する必要がある。

第5章　教育機関への移行と非行からの離脱

第4章では、少年院の経験と進路希望の形成過程を検討してきた。そこでは、少年院入院当初から、進学希望が形成され、それが少年院在院期間を通じて維持されていることを示した。第5章では、教育機関への移行と非行からの離脱過程について検討していく。あわせて縦断調査の側面から、少年たちの経時的な変化にも注目したい。

1　問題設定

第1章でも述べたとおり、非行からの離脱要因として、就労や結婚が指摘されてきた（Sampson and Laub 1993など）。少年院出院者も少年院出院後の移行先として、主に就労が想定されてきた。都島（2021）は、少年院を出た非行経験者が就労へと移行していく過程を分析し、彼らが地元仲間集団や当事者支援団体などを通じて職業に就いていることを示している。

他方で、少年院出院後の教育機関への移行過程については十分検討されてきたとはいえない。第1章でも述べたとおり、Blomberg et al.（2009, 2011, 2012）は、学校に復帰した後の出席期間が長いほど、再逮捕される可能性が下がることを明らかにしている（Blomberg et al. 2009, 2011, 2012）。只野ほか（2017）は、少年院出院者に対する質問紙調査を行い、一八歳前後の年齢層では学業に従事することが、非行からの離脱に対して促進的に働く可能性を示唆している。

しかし、これらの先行研究では、どのように矯正施設から教育機関へ移行していくのかといったことや、移行先の教育機関でどのような経験をしているのかといった視点は、持たれてこなかった。そこで本章では、矯正施設退所後に教育機関へ移行し、その後教育機関で、どのような経験を有しているのかを明らかにする。なお序章で確認したように、本書では、非行からの離脱をプロセスとしてとらえ、その過程で作用するメカニズムを明らかにしていく。つまり本章では、移行後の教育機関で少年たちがどのような経験をし、その経験が非行からの離脱にとって、どのように作用しているのかをとらえる。

本章では、教育機関への移行経験がある五名のインタビューデータを用いて分析を行う（表5-1）。五名の矯正施設への入所経験は、少年鑑別所が二名、少年院入院経験者が三名（短期一名、長期二名）である。

移行先の教育機関は、通信制高校が三名、全日制高校が一名、民間の教育施設（フリースクール）が一名である。修学継続期間は聞き取れていない少年もいるが、一年以上継続している少年は三名である。

EさんとFさんは少年院出院後に、教育機関への移行はしていない。

表5-1　本章における研究協力者

	インタビュー回数	少年院入院経験	移行先の教育機関	修学継続期間	卒業等
Aさん	1回	あり（長期1回）	通信制高校	数ヶ月	中退
Bさん	1回	なし（少年鑑別所）	フリースクール	不明	在籍中（インタビュー時点）インタビュー後に退所し，その後は不明
Cさん	6回	あり（長期1回）	全日制高校	約3年間	卒業予定（6回目のインタビュー時点）
Dさん	2回	なし（少年鑑別所）	通信制高校	1年以上	卒業予定（2回目のインタビュー時点）（その後，退所により卒業したかは不明）
Gさん	3回	あり（短期1回）	通信制高校	1年以上	不明（3回目のインタビュー後に退所）

2　教育機関へ移行するまでの過程

2-1　教育機関へ移行する目的

教育機関への移行と非行からの離脱を検討するにあたって、少年たちが教育機関へ移行するまでの過程を確認しておく。まず、少年たちが教育機関へ移行する目的についてどのように語っていたのかを確認する。たとえばAさんは、自身が教育機関へ移行することで、母親に対する「親孝行」になると考えている。

筆者：じゃあ、その。ここ（A更生保護施設）に来た後に、学校に行こうと思いました？　それとも（少年院を）出るときに、もう自分は学校に行こうって思ってました？

A：あぁ。（少年院を）出るときです。

筆者：出るときですか。それは、どうしてですか。教官の先生に勧められたとか？

A：いや、お母さんが学校行ってほしいっていうから。

筆者：あー、なるほど。家族の方に。

（中略）

筆者：学校に対する位置づけって、とりあえず行って、親孝行しようって感じのっていう感じの。またそれとは別の感じ。

A：いや、どっちかっていうと親孝行。

筆者：あー。親孝行みたいな感じ。

移行先とする教育機関の決定にあたっても、Aさんは母親と相談したうえで決定したことを語っている。Aさんの場合は、家族の存在が教育機関へ移行することを決意したきっかけとなったと考えられる。

筆者：どういう高校、定時制（高校）とかそんな感じ？

A：どっちかっていうと、通信（制高校）ですね。

筆者：あぁ。なんかその通信制に決めた意図ってあります？

A：見学に行ったときに、いい高校だなって思ったし、お母さんも「ここの高校だったら頑張れるんじゃない」みたいなこと言ってくれたから。

他方で、非行を経験した少年たちにとっても、高卒資格は将来の進路を考えていくうえで、重要な意義を持っている。DさんとGさんは、高卒資格取得後の目標を語っている。

D：一応、その自分、短大を出たいんで、高校をまず卒業したいなって思って、近場を探してたら、ちょうどいいところがあったんで。ま、そこ通信（制高校）なんで、ちょうどいいかな、って思って、そこで。そんな資料とか見ないで。（同じ通信制高校に）行ってた人もいるんで、その人たちの話聞いて。（一回目のインタビュー）

G：まあ、やっぱ、もう、まあ、今後のこと考えたら、高卒は一応取ったほうがいいかなって思って。まあ、調理師の免許ほしいから、高卒いるかなって思って。まあ、高卒あったら、何て言うんですかね、まあ、取っててよかったなって思うときが来ると思うから、まあ、はい、そうそうかなって思ったです。（一回目のインタビュー）

Dさんの「短大を出たいんで、高校をまず卒業したい」という語りやGさんの「高卒は一応取ったほうがいい」という語りからは、教育機関への移行を、将来の目標の実現のための「手段」として位置付けている様子がうかがえる。

なおDさんとGさんは移行先として通信制高校を選択している。二名とも通信制高校を移行先とした理由の一つとして、仕事との両立が可能であることをあげている。Dさんは、自立のためには仕事をして貯金を作らなくてはならないという。

D：ここ（A更生保護施設）から近いっていうのもあるし、小学校の時まともに勉強もしてなかったので、普通の高校行っても、やっぱり、たぶん受からないだろうなとか思ったし、あと、自立するためにもお金も貯めないといけないから、仕事もしたいってこともあって、通信（制高校）は週に一回（だけの通学で良い）っていうのがあるので、それで、そこ決めました。（一

回目のインタビュー）

Dさんは、移行先の選択にあたって自身の学業面のことに言及している。詳しくは2－2で述べるが、入試は少年が教育機関へと移行するにあたって障壁となる可能性がある。

先行研究でも、学業不振が再非行の発生との関連を持つことが指摘されている（清永 1984）。河合ほか（2016）は、児童自立支援施設退所者が、進学した高校に適応していく要因の一つとして、授業内容が理解できることを指摘している。少年にとって、移行先の学習が負担にならないことは、移行先を選択するうえでも、その後の修学の継続を考えるうえでも、重要な問題といえるだろう。

Gさんも、将来的に高卒資格が必要になると考え、通信制高校を移行先として選択している。Gさんの場合は、学校のある時間帯が昼間にあることや、仕事との両立が可能であることも移行先の決定に当たって重視している様子がうかがえる。

筆者：うん。そこの高校に決めた理由とかってありますか。

G：いや、元々、まあ行ってる人がいて、ううん、まあ、全日は自分が嫌で、仕事したかったので、全日は嫌だって、で、まあ、定時制か通信制か、まあ、何か、何かもう違うやつかって言われたけど、夜は面倒くさいから、昼がいいなって思って。（一回目のインタビュー）

DさんとGさんの共通点として、仕事との両立のために、全日制高校を避けていることがあげられる。他方で、全日制高校を移行先として希望したのがCさんである。Cさんは、全日制高校を移行先とすることに、どのような意義を見出していたのだろうか。

筆者：いろいろな種類（の高校）があるじゃないですか、今。どういうところの感じ（の高校）に行きたいんですか。

C：ごく普通の全日（制）普通科（高校に行きたい）ですね。

筆者：全日の普通科に行きたい。

C：頑張って勉強してます。成績良ければ、まぁ一年遅れたことも、あんまり詮索されないと思うんで。自分はもう、まともな、それこそまぁ、ぶっちゃけ、ドラマとかで見るような。あのおかしいですけど、まぁそういった、ごく普通の高校生活っていうのに憧れていて。中学の頃とか、まぁ、行ってたといっても休みがちだったし、勉強とかもあんまりしてなかったんですよね。だから、すごい高校の授業って、学校の授業って受けたいんですよね。みんなが、めんどうくさい、めんどうくさいって言ってる、あの五〇分間の授業がすごい受けたいんですよ。受けたくてたまらなくて。みんながめんどうくさい、めんどうくさいって行ってる学校に行きたくてたまらないんですよ。で、たぶん高校行ってる人とか、みんなから、その、普通の人から見たら、学校も行ってなくて、こう、働く時間とかもあんまりなくて、すごい羨ましいっていう人もたくさんいるかもしれないですけど、自分からしたら、逆に、まともな生活を送れてる人の方が羨ましいんですよ。だから自分は、その人たちと一緒の土台に立って、その、その人たちと同じような、まともな生活に戻りたくて。自分は（全日制）高校に行きたいです。（一回目のインタビュー）

Cさんは「ごく普通の高校生活っていうのに憧れて」いると述べ、その後の語りでは、高校生活を送っている人たちと「一緒の土台に立」ちたいというように、「普通の高校生活」に対する憧れを抱いている。Cさんは、「本来だったら、順当に高校に上がって、大学に行って、っていう順当な段階を踏むはずだったのを全部崩してしまった」とも語っているように、少年院への入院に伴い、「普通の高校生」になれなかったことに対してスティグマを知覚している。全日制高校を「普通」の高校生ととらえていることは高校中退者を対象にした研究でも同様の指摘がなされている（内田2015）。

さらにCさんは、全日制高校へ通うという「普通の高校生活」を送ることが、「まともな生活」と語っているように、「普通」の高校生になることはスティグマの解消になると考えている。先行研究でも、「普通」であることは、スティグマ解消の特効薬になると指摘されている（田中1998）。なお、Cさんの二回目のインタビューにおいても、全日制高校に行くことが「普通」だと語られている。

筆者：全日（制高校）を目指す理由って何だろう。

C：まあ、そうっすねー。中学時代（学校に）行けてなかったから。でたらめしてたから、今になって思うと、中学時代戻りたいなって毎日のように思うんですよ。で、もう時（は）巻き戻ることできないわけじゃないですか。じゃあどうすればいいかってってたら、それと似たような環境（に）いくしかないじゃないですか。でまあ高校で、そうやって普通に毎日学校行って。勉強して、まあそこそこストレスがあって、そこそこ楽しくてみたいな。青春じゃないですけど、そういう生活。ずっとまだ憧れてるとこがあるんで。（高校に）行

きたいなぁ、って思ってですね。（二回目のインタビュー）

以上でみてきたように、少年たちからは教育機関へ移行する目的として、家族との関係や将来の目標実現のための手段といったことが語られた。少年たちのなかで差異が見られたこととしては、全日制高校に対する評価である。全日制高校に否定的な少年たちは、他の教育機関と比較すると厳しい選抜試験があり、就労との両立が困難になると位置付けていた。一方で、全日制高校を肯定的に評価する少年は、全日制高校に通うことで「普通の高校生活」が得られることに価値を置いていた。

2－2　移行にあたっての障壁

教育機関へ移行するにあたって、少年たちは障壁に直面することがある。その一つが少年院を出院するタイミングと高校受験のタイミングとの不一致である。ここではCさんのインタビューを取り上げる。

C：（少年院の）担任の先生に、ちょっとどうしても高校受験現役でしたいんです、って言って。じゃあお前、そのためには生活頑張れって言って、勉強も頑張れって言って。自分、さっき言ったみたいに、自分に甘いから、やっぱりちょっと、本読んじゃったりだとか、そういうのもあったんですけど、結局期間が延びちゃって。少し延びちゃって、で、ぎりぎりのとこで行けなかったんですよ。んと、自分ですね、三月三一日まで、つまりその年度中に、出院する人、仮退院する人は、その、受験外出っていうのができるんですよ。その行いが良かったら。自分、不正もしてなかったから、いけるかなって思ったんですけど、ぎりぎりで、その受験の直前で、その自分の欠点がまだ解消できてないってことで。進級審査で落ちて、（出院が）延びちゃったんですよ。で、あと一歩のとこで届かなくて。もう夜は泣いたし、もう生活もちょっと投げやりになりかけたし。で、やっぱそれでも諦められなくて、今、ここのスタッフとかにも相談してたりとかして。（一回目のインタビュー）

Cさんの語りにもあるように、三月中に出院できる場合、少年院在院中に高校受験をすることができる。しかし、Cさんは出院期間が延長されたことにより少年院在院中に受験できず、移行先の教育機関が決まらないまま少年院を出院した。

さらに、全日制高校に移行するためには入試を突破する必要がある。Cさんは少年院出院から一年後に全日制高校を受験したが不合格となった。Cさんは、学習塾の中で自身の得点が最も高かったにもかかわらず、その学習塾の中で唯一不合格になったといい、その状況を「心折れる」と語っている。

C：今年高校落ちたとき。オレが今行っている学習塾で、高校、そこのオレが受けた高校何人か受けてたんですけど、その中でオレ一番点数よかったんですよ、学習塾の中で。一番点数よかったけど、（その高校に）落ちたのオレだけだったんですよ。やっぱり心折れるじゃないですか。でも、ここで諦めたら、高校生活はないぞと思ったからですね。もう一年ちょっと頑張ってみようと思って。今年が多分最後のチャンスになるかもしれないですけど。（二回目のインタビュー）

なお補足として、Cさんが一貫して教育機関へ移行することを希望し続けた背景を述べておく。第4章でも述べたように、Cさんは少年院入院当初から、全日制高校に進学するという希望を維持し続けてきた。しかし、Cさんは全日制高校へ進学するにあたって二つの障壁に直面した。そのような障壁に直面しながらも、移行先として全日制高校を希望する理由を以下のように語っている。

C：自分の場合は、もう（全日制）高校行くのが目標。みんなは、それぞれ将来の目標があるけど、オレは高校行くことが、まず目下の目標なんで。まあ自分の高校生活に対する思い入れとかを、施設長が汲んでくれたじゃないですか。

筆者：それは、もう施設長とかスタッフの人もずっと言ってる？

C：ああ、はいそうですね。いや、もうそれは、（A更生保護施設に）来たときからずっと言ってるっす。オレが、なんで高校に行きたいのかっていうことを周りから聞かれたら、必ずそれを答えます。こういうこと、こういう気持ちがあったから高校に行きたいです、って。

筆者：それはもうずっと変わってない？

C：そうっすね。変わることはないです。（二回目のインタビュー）

Cさんは、全日制高校に進学するという目標は、A更生保護施設に来た時から「ずっと言ってる」ことだといい、「変わることはない」という。Cさんが希望を維持し続けられる背景には、「高校生活に対する思い入れ」を「施設長が汲んでくれた」とCさんがいうように、A更生保護施設の施設長がCさんの希望を尊重したことも関係していると考えられる。

3　教育機関移行後における修学の継続

前節までにみてきたように、少年たちは各自の目的をもって教育機関へ移行している様子がうかがえた。それでは、実際に教育機関へ移行した少年たちは、なぜ修学を継続することができているのだろうか。

Cさんは、全日制高校を不合格になった翌年、もう一度全日制高校を受験して合格し、希望していた全日制高校へと進学することになった。Cさんは全日制高校での生活が楽しいという。

筆者：じゃあ、ええと、まあ、取りあえず、受かったっていうことを聞いたんですけど、ええと、どうですか、行ってみて、実際。

C：いやあ、もう、まじ、学校生活、楽しいですね。

筆者：ああ、本当に。

C：はい。

筆者：どういうところが、今、一番楽しい。

C：今、自分、部活、弓道部やってるんですよ。

筆者：はいはい、はいはい。

C：弓道やってて、まあ、きついっちゃきついんですけど、やっぱその積み重ねっていうかですね、その最初、基礎の体づくりやるのに、すごいちょっと手間取ってから、まあ、なかなかこう、苦節があってから、まあ、しんどいとか思うんですけど、やっぱ学校の授業も、その勉強ですね。勉強も部活も、一応全部楽しいんですよ。まあ、毎日ですよ。ちょっと気になる子もできたり、できたりとかしてですね。（三回目のインタビュー）

Cさんは「勉強も部活も、一応全部楽しい」と語っているように、学校活動に従事すること自体が、修学を継続する要因として機能しているということである。特に、部活動には逸脱文化から切り離すことができる側面が期待されている（伊藤 2017）が、Cさんの場合は、所属する弓道部の活動に没頭することで、自身の学校生活に楽しさを見出している様子がうかがえる。

他方でDさんは、卒業後に進みたい進路を実現するためには「今、努力」する必要があるという。

D：一応将来的にも、やっぱ取りたい資格とか。大学とか、短大とか卒業しないと取れない資格なので。だから、そのためにも、やっぱ今、努力してってって思ったら、（授業に）出る気になりますね。（二回目のインタビュー）

Dさんは、インタビューの中で、将来の目標を保育士になることだと語っている。Dさんがいうように、保育士の資格は「大学とか、短大とか卒業しないと取れない資格」であり、その資格を得るためには、まず高卒資格を取得することが必要だと語っている。この語りは、2節で述べたように、Dさんが教育機関へ移行する目的として語られた内容と重なるものである。つまり、教育機関へ移行する目的が、教育機関への移行後に修学を継続する要因として、維持され続けている様子がうかがえる。

さらにDさんは、移行先である通信制高校でできた新たな友人関係が、修学を継続できる要因であることも語っている。

筆者：順調。もう卒業が近くなってきてると思うんですけど、そこまでちょっと振り返ってもらったときに、続けてるときにしんどいなとかいやだなって思った場面ってありました？

D：学校ではないですね。今、毎日行きたいくらい、学校に。楽しくなって。週に一回っていうのが物足りないですね。

筆者：それは、どうしてそう思うようになった。

D：もともと勉強は嫌いなんですけど。高校行って、友達とかできたら、なんか幅もできるじゃないですか。学校の友達ができると。いろいろな、通信（制高校）だから、いろいろなところから来るから。いろいろなことがわかるから、毎日学校があればなあ、って。で、そういう友達、先輩たちと一緒に勉強したら楽しいし、毎日あったらいいなって思いますね。

（中略）

D：ほんとに自分のことを理解してくれて。なにかあったら助けてくれて。ほんとに。常にかわいがってもらってますね、先輩に。今までそんな人たちA更生保護施設では、いなかったんで。（二回目のインタビュー）

学校を続けることが大変だったことはあるかという筆者の問いかけに対して、Dさんは「学校ではない」と語っている。さらに、週に一回の通学という状況が「物足りない」という。Dさんはこのように、通信制高校を楽しむことができている背景として「学校の友達」の存在をあげている。

Dさんは、自身の通う通信制高校には「自分の（おかれている）環境に近い人が多い」といい、お互いに分かり合える場面が多くあることを語っている。さらに、通信制高校における友人関係について「(困ったときに) 助けてくれる」存在であるという。

先行研究でも、全日制高校以外の高校における生徒集団の多様性は、生徒たちにとって編成資源となることが示されてきた。城所・酒井（2006）は、夜間定時制高校の集団は、「価値観」を含めて集団の多様性が高く、この集団の異質性が、それまで投げやりだった夜間定時高校生たちの自己を再定義する編成資源の一つとなっていると指摘する。Dさんの「もともと勉強は嫌い」だが、通信制高校は生徒が「いろいろなところから来る」ため、「いろいろなことがわかる」という語りからは、Dさんにとって、通信制高校に通う多様な集団が、城所・酒井（2006）が指摘するように、自己を再定義し、修学を継続していく編成資源となっている様子がうかがえる。

以上でみてきたように、少年たちは、教育機関へ移行する目的を維持することや、自身のおかれている状況を理解してくれる友人の存在を、修学を継続できている要因だととらえている。いずれの場合も、修学を継続することでもたらされる「楽しさ」が、彼らを非行から遠ざけているものと考えられる。

4　修学の継続に伴う困難

これまでに、少年たちが教育機関へ移行する目的、移行するに当たっての障壁、移行後に修学を継続できる要因を検討してきた。

他方でインタビューの中では、少年たちの語りに揺らぎが見られることがあった。以下では、時間の経過とともに、少年たちの語りに見られた揺らぎについて検討していく。

4－1　人間関係のトラブル

少年たちが、移行先の教育機関で困難に直面することは少なくない。その一つが人間関係のトラブルである。Gさんは、移行先の通信制高校でケンカに巻き込まれそうになったことが何度かあったという。すでに述べたとおり、Dさんは通信制高校に通っている人たちが多様であることが、学校に通う楽しさになっていると語っていた。しかしGさんは、通う人が「ばらばら」であるために、かえって「危ない」状況を生むことがあると語っている。

G：まあ、年がばらばらなんで、今行っているとこ通信（制高校）だから、通信は、まあ、まあ、人がばらばらだから、はい、危ないっす。はい。何人か、ケンカ売られたんで。

筆者：おお。そう。

G：はい。本当です。何回か、ケンカ売られて、何かまあ、ああ、自分、ここ（A更生保護施設）

の看板背負ってるから、自分は、絶対手出さないって決めてるんですけど、まあ、危なかったです。

（中略）

G：もろもろ、まあ、そういう何か外での行動とか態度とかは、気を付けてますね。やっぱ自分が何かしたら、施設長に迷惑かかるから。はい。とか、スタッフとかに迷惑かかるから、そこは気を付けますね、はい。（二回目のインタビュー）

ここで注目したいことは、Dさんにとって修学を継続できる要因として語られていた集団の多様性が、Gさんにはトラブルの原因として語られていることである。

なお、Gさんは A 更生保護施設の「看板背負ってる」ため、ケンカをせずに済んだと語っている。つまり、Gさんは自身がケンカというトラブルを生じさせることは、自身のみならず A 更生保護施設全体の問題になるととらえている様子がうかがえる。それは、A 更生保護施設の施設長やスタッフに迷惑がかかるというGさんの語りにも表れているといえよう。

4-2　時間の経過に伴う少年たちのゆらぎ

4-2-1　再非行への葛藤

先に述べたケンカに巻き込まれることのほかに、修学を継続するうえでGさんが困難の一つとして語ったことは、再非行*1への葛藤である。Gさんは、仕事や学校で A 更生保護施設の外に出ているときに、非行へと誘われる場面が度々あったと語っている。

G：不安になるのは、自分は、やっぱ自分に甘いんで、なんか、何ですかね、誘われたとき、なんか、なんかしようや、みたいな、悪いことしようや、みたいな誘われたときに、無理とは言えるんですけど、何回も何回もずっと来てたら、なんかやばいなみたいな、は、自分で思いました。

筆者：うん。やっぱ誘われる場面っていうのは少なくない？

G：はい、そうですね。結構あるのはありますね。

筆者：うーん。

G：やっぱ自分も（A更生保護施設外に）出てるじゃないですか、仕事とか学校とかで。そのときとかにも言われるんですよ。

筆者：ああ。

G：なんかいろいろ。

筆者：いろいろね、うん。

G：薬、もう全部薬です。

筆者：薬？

G：はい。か、無免ですね。

筆者：無免ね。

G：だから、相当誘われるんですけど、そこはさすがに、そこはきついじゃないですか。

筆者：うん、きついね。

G：そこは全力で今、否定してるんですけど。（二回目のインタビュー）

Gさんは、これまでに無免許運転や薬物使用の誘いがあったという。Gさんは再非行への誘いには「無理とは言える」と語っているように、その誘いを断り続けている。ただ、何度も誘われると「やばい」というように、再非行をしてしまうかもしれないという葛藤があることを語っている。

このGさんの語りと一回目のインタビューを比較すると、Gさんの語りが揺らぎをみせているということがわかる。

G：（少年院を）出たらどうしよう。まあ、取りあえず、学校行って仕事しようって思ってました。

筆者：ああ、なるほど。

G：その二つです。出たら、その二つしかなかったですね。

筆者：うん。

G：はい。再非行とか絶対しないんで。はい。

筆者：うんうん。何かその再非行の不安とかって、まあ、よく言われたりするじゃないですか。何かそういう、何か不安に駆られたりとかいう場面とかってありました。

G：いや、もうないです。（一回目のインタビュー）

一回目のインタビューは、Gさんが通信制高校へ通い始めたころに行われた。このとき、Gさんは「再非行とか絶対しない」と語っている。筆者の再非行への不安に駆られた場面はあったかという問いかけに対しても、「ない」と語っていることからも、今後、非行をせずに学校と就労に従事しようとしていた様子がうかがえる。

しかし、二回目のインタビューでは、学校や仕事のためにA更生保護施設から外出すると、薬物使用や無免許運転といった再非行へと誘われることが度々あり、Gさんは葛藤を抱えるようになっていく。

このように再非行への葛藤を抱えているGさんだが、生活の中ではどのように対処しているのだろうか。

筆者：どうやって、こう（乗り）越えていくの？　そういう（状況を）。

G：いや、もうここももう、もう、もう、もうこれですね。だから、大切な人とか、もうそこらへん考えないと、もうやっていけないですね。

筆者：いや、もうああ、ちょっとなんか自分の思っている以上にすごいことだった。いや、でも相当なものだよね。

G：はい。

筆者：その、いや、そこで踏みとどまれるっていうのは、やっぱ相当なあれがあるよね。

G：踏みとどまれないだったら、二回目（の少年院）入っちゃうんで。（二回目のインタビュー）

Gさんは、大切な人のことを考えることで再非行を行わずに踏みとどまることができているという。配偶者に対する情緒的なつながりが、犯罪・非行からの離脱を促進する（Sampson and Laub 1993）が、A更生保護施設の施設長やスタッフとGさんとの情緒的なつながりが、再非行への葛藤を抑制しているものと推察される。さらに、Gさんは少年院へ再入院することになることも、再非行を踏みとどまることができている要因だと語っている。

4－2－2　教育機関に対する評価の転換

以下は、全日制高校の卒業を間近に控えたときに行った六回目のインタビューでCさんが語ったものである。入学前に「全日制高校に行きたい」と語っていたCさんは、「正直半分後悔してますね、学校」と、全日制高校を移行先として選択したことへの後悔を語っている。

C：その、やっぱ少年院出てる、まあ、自分ら（A更生保護施設にいる少年同士）は自分らで仲良くできるんすけど、やっぱ外の人間とかかわるときに、やっぱ一線引かれちゃったりとか。あるいは、その少年院ってのを言ってなくても、やっぱ雰囲気で一線引かれちゃったりとか。あとは何か、相容れなかったりとか、嫌われたりとか、そういうことが多いので、そういう意味ではちょっとしんどいなっていうのもあるんですけど。なんで、高校入る前の自分に何か声掛けるってなったら、「やっぱ、おまえちょっと、高校行かずに高認取って、普通に大学行ったほうがいいぞ」って、俺は絶対言うと思うんで。（六回目のインタビュー）

Cさんは学校で「結構知られてる」存在だといい、自身が少年院出院者だということを相手に伝えていない場合でも、「一線ひかれちゃったり」することがあるという。また、「相容れなかったり」、「嫌われたり」することを経験し、高校を「しんどい」と感じるようになっていったと語っている。

またCさんは「高校行かずに高卒認定を取ったほうがいい」とも語っている。2－1において確認したように、全日制高校へ移行する以前のCさんは「全日制高校に行きたい」と語っており、当時の語りから変化が生じている。つまり、Cさんも G さんと同様に、語りに揺らぎがみられる。

ここで、Cさんが全日制高校を志望した目的を改めて確認してみよう。Cさんが全日制高校を志望したのは「普通の高校生活」に憧れたからであった。つまり、Cさんは全日制高校へと移行することで、「少年院出院者」から「普通の高校生」へと自身のアイデンティティを変容させようと試みた。

しかし、Cさんの語りからうかがえるように、全日制高校では周囲の生徒から「少年院出院者」として一線を引かれてしまう。すなわち、全日制高校に移行しても、「普通の高校生」へのアイデンティティの変化を行うことができず、むしろ「少年院出院者」としてのアイデンティティが強化されたといえるだろう。

このように、「少年院出院者」としてアイデンティティを強化されたCさんだが、高校を中退するという選択肢はなかったという。そして、高校を続けたのは「意地」だと語る。

筆者：まあ一応もう三年間終わりそうですけど、これ、続けることができた理由って何だろうねっていう。

C：意地じゃないですか。

筆者：ああ、なるほどね。うん。何に対する意地かな。

C：まあ、何か、周りからも保健室登校、友達とかから勧められたりとか、そんな人間関係つらいんだったらって言われたりしたんすけど、何かそれも何か男らしくねえなって思って。で、何かやめるのも、今まで頑張ってきた頑張り何だったんだろってなるよなとか思って。で、やっぱ、俺はもう、(高校を)卒業して、(A更生保護施設を)退所して、で、まあ、大学行くなら行く、まあ無理やったら無理で、まあ、その別の手を考えるとか、そういう、その流れが当たり前と

自分は思ってたんで。そんなに気にしてないっていうか、あの、やめるっていう選択肢はなくて。（六回目のインタビュー）

この語りにおいてCさんは、「高校を辞めること」は「男らしくないもの」として理解している。つまりCさんの場合、修学の継続に自身がもつ男性性を活用している[*2]のである。

またCさんは、全日制高校に進学した直後のインタビューでは、以下のように語っている。

C：だから、その（全日制高校を）卒業まで行ったら、それはまあ、一つの、まあ、まあ、誠意を示すじゃないですけど、まあ、まあ、その自分が好きな青春を歩むことが、結果的に更生につながっていくとは思ってます。（三回目のインタビュー）

Cさんのこの語りからは、自身が全日制高校を卒業することが、非行からの離脱につながるととらえている様子がうかがえる。この語りと、先ほど示した六回目のインタビュー時に語られた「やめるっていう選択肢はなくて」という語りを踏まえると、Cさんが高校を中退することは、非行からの離脱に失敗したと解釈していると推察できる。そのため、人間関係がうまくいかない時期であっても、Cさんは修学を継続しようとしたものと考えられる。

4-3　過度な生活時間の構造化

人間関係にかかわること以外にも少年たちは、移行先の教育機関で困難を抱えていることを語っている。ここではBさんの語りを取り上げる。Bさんは少年鑑別所を退所後に、民間の教育施設であるフリースクールへと移行している。そのフリースクールでは、時間割が決められており、「勉強が毎日ある」システムがとられていた。そのフリースクールでは、高卒認定試験が取れるようになっており、Bさんも高卒認定を取得しようとしていた。

また、Bさんは部活動に参加しており、授業後は部活動に時間を割いていた。帰宅後は、「風呂入って寝るぐらい」というように、授業と部活動以外の時間を持てないような生活を送っていた。しかし、そのような生活は、Bさんにとってはきついものでもあったという。その後、Bさんはフリースクールを抜け出し、元交際相手に連絡を取り、交際相手の家で一年ほど居候していたと語っている。

B：四時間あって。一時間目とか、決められているんですよね。道徳とか、なんかいろいろ。で、それでしていって、最終的に六時から部活。自分ボクシングやってたので。六時から九時くらいまで部活行って。でもそれは結構きつかったんですよね。ボクシングだから。夜行って、帰ってきて風呂入って寝るぐらいです。で、それでまぁ、自分○○（地名）に。その施設が○○（地名）だったんですよ。で、それで○○（地名）から、その元カノとかいろいろいたから、それ（元カノ）に連絡して、（施設から）とんで（抜け出して）、その人の家に居候、一年間くらいして。そんな感じで。

日常のありきたりの活動に忙しいと逸脱行動をする暇さえない（Hirschi 1969=2010）ことや、就労など合法的な活動に従事することで生活が構造化され、犯罪・非行からの離脱につながる（Laub and Sampson 2003）ことが先行研究では論じられてきた。しかし、Bさんの語りは、過度な生活の構造化は、かえって少年の負担となり、犯罪・非行からの離脱にとって逆効果となる可能性を示唆するものである。

5　まとめと考察

本章では、矯正施設退所以降に教育機関へと移行した少年たちの教育機関における経験と非行からの離脱との関係を検討してきた。

まず、非行からの離脱過程における教育機関への移行を論じるにあたって、彼らが教育機関へ移行する目的や、移行に伴う障壁を確認した（第2節）。そして、教育機関への移行後における修学を継続できる要因と（第3節）、修学の継続に伴う困難（第4節）を提示した。

教育機関へ移行する目的としては、親孝行や将来の目標のための「手段」、「普通」の高校生への憧れといった点が少年たちからは語られた。ここでは、「普通」の高校生への憧れに関して一点言及しておきたい。

内田（2015）は、不登校経験者や高校中退経験者には「普通の高校生」であることへの強い価値規範が存在することを指摘しているが、非行少年の中にも同様の価値規範を有している少年がいるということが本章の知見である。

先行研究では、学校への出席（Blomberg et al. 2009, 2011, 2012）や学業への従事（只野ほか 2017）が、非行からの離脱を促進する可能性があることが指摘されている。本章においても、一定期間修学を継続している少年たちは、再非行をせずに生活していたことから、先行研究で指摘されたように、修学することが再非行を抑止する可能性は一定程度認められるということが示唆された。

少年たちからは、修学を継続できている要因として、修学することの楽しさや、将来の目標、自身と似た経験を持つ友人の存在といったことがあげられた。

一方で、調査を継続していくと、少年たちの語りに揺らぎが見られる場面があった。その背景には、再非行への葛藤や、教育機関への評価の転換があった。先行研究においても、少年院出院後の生活で少年たちが揺らぎを経験することが明らかにされている（仲野 2018）。また非行からの離脱過程において、生活が不安定になる場面があることも指摘されている（都島 2021）。

彼らが経験する揺らぎは、少年たちの生活を、安定的なものから不安定なものへと変化させる。さらに、このような揺らぎを経験することは、少年たちが事前に予想できるものではない。そのような予想できない状況が生じたときに、少年たちは自身の持つ資源を活用し、対処しようとしていた。

なお、これらの少年たちの変化は、縦断調査を行うことで明らかになってきたことでもある。このことからも非行からの離脱過程を明らかにするうえで、縦断調査が持つ意義は小さくないと考えられる。

注

＊1　実際に再非行に至った少年もいる。Aさんのインタビュー実施から数ヶ月後に筆者が再度A更生保護施設を訪ねると、Aさんは再非行により退所していた（内容の詳細は明らかにしないという条件でA更生保護施設より記述の許可をいただいた）。つまり、A更生保護施設に在籍する彼らにとって、再非行への葛藤は身近

なものであると考えられる。

＊2　第1章の注14で述べたように、更生保護施設内の支援場面における男性性の活用を指摘したものとして、知念（2013）がある。

終章　結論と今後の課題

本章では、本書のこれまでの知見を振り返り、それらの知見にもとづく本書の学問的示唆、実践的示唆について述べる。そして、最後に今後の課題と展望を記述する。

1　本書のまとめ

本書の目的は、非行経験者が矯正施設を経て、教育機関へ移行していく過程を記述、分析することを通して、現代の日本社会における非行からの離脱過程の一端を明らかにすることであった。

序章では、本書における問題の背景を記述した。具体的には、公的統計を用いて、少年院出院者の現状を把握した。近年、少年院の出院者は減少傾向が続いている。少年院出院者の進路状況は、依然として就職関連が多数を占めているが、進学を希望する少年が増加傾向にあることが確認できた。

また、少年院の中でも、社会復帰支援として修学支援が重視されるようになってきている。公式統計の検討からは、少年院に在院する少年たちの修学への関心が高まっていることや、少年院内における社会復帰支援として修学支援が重視されているという現状がわかった。しかし、出院後の少年たちの学びの状況は、公式統計からは把握することができない。そのため、出院後に少年たちが、どのように学びを継続しているのかを問うことが必要になることを指摘した。

第1章では、先行研究の検討を通じて、本書の分析課題を設定した。本書では、犯罪・非行からの離脱に関する研究、学校と非行に関する研究、課題集中校に関する研究、若者の移行に関する研究に分けて整理を行った。先行研究における課題は次のとおりである。学校と非行との文脈では、非行少年たちの学校経験はネガティブなものとして描かれてきた。しかし、課題集中校における逸脱傾向のある生徒たちに見られるように、非行少年たちの学校経験はネガティブなものにとどまらない可能性がある。また少年たちの少年院の経験や出院後における就労先での生活は描かれてきたものの、少年院内で少年たちが自身の進路希望をどのように形成していくのかという過程は注目されてこなかった。犯罪・非行からの離脱研究では、離脱を促進する要因として就労や結婚に焦点が当てられてきた一方で、教育が非行からの離脱にどのような影響を与えるのかは十分に問われてこなかった。これらの先行研究の課題を乗り越えるために、非行少年たちの矯正施設以前の学校経験や、少年院内における進路希望の形成過程を明らかにしたうえで、非行からの離脱過程における非行少年たちの教育機関への移行を明らかにすることを分析課題とした。

第2章では、更生保護施設の概略を法務省のホームページや『犯罪白書』をもとに示した。続いて、A更生保護施設の特性を記述した。その後、A更生保護施設で実施したインタビュー調査の概要を示した。

第3章では、矯正施設入所以前の学校経験を分析した。インタビューにおける少年たちの語りに注目すると、彼らは対教師や生徒同士でのトラブルを経験していた。彼らのトラブルの背景には、教師への反発心やいじめを受けた経験があった。しかしながら、彼らはそのようなトラブルを経験しながらも、自身の学校経験をネガティブにとらえているばかりではなかった。クラス替えによる人間関係の変化や交際相手の存在による即自的な欲求充足は、彼らの学校経験をポジティブなものにしていた。少年たちは自身の学校経験を肯定的にも否定的にも両義的にとらえているということが見出せた。

第4章では、少年院における経験と出院後の進路希望の形成過程を検討した。まず、少年たちは少年院の経験を、肯定的にも否定的にもとらえていた。少年院に至るまでの生活では、少年たちはルール違反をすることに対する抵抗感が低下していたり、即時的な満足感を求め逸脱行動を行っていたりしていた。少年院に対する肯定的な解釈としては、少年院入院を、自身の成長へとつながる転機の経験と意味づけていた。一方で、否定的な解釈としては、少年院という施設で過ごすことで生じる緊張に重きが置かれていた。

進路希望については、少年院に入院した当初から、少年たちは高校進学を希望していた。そして、自身の進路形成に当たっては、少年は入院する以前の社会を参照していることも示唆された。しかし、少年院内で進学希望を保持し続けることは、教官から否定的な評価を受けるといった形で少年に緊張をもたらすものでもあった。

第5章では、少年たちの教育機関への移行と非行からの離脱過程を検討した。

まず、インタビューにおける語りから、少年たちが教育機関へ移行する目的と移行に伴う障壁について確認した。教育機関へ移行する目的として、親孝行や将来の目標を実現するための「手段」、「普通」の高校生への憧れがあることを見出した。

なお一定期間修学を継続している少年たちは、再非行をせずに生活しており、修学することは再非行を抑止するように作用する可能性が示唆された。修学を継続できている要因として、少年たちからは、修学することの楽しさや、将来の目標の実現、自身と似た経験を持つ友人の存在といったことがあげられた。

一方で、調査を継続していくと、少年たちの語りは揺らぎをみせることがわかった。彼らの語りが揺らぐ背景には、再非行への葛藤や、教育機関への評価の転換があった。このような経験は、少年たちの生活を、安定的なものから不安定なものへと変化させるものの、少年たちは自身の持つ資源を活用し対処しようとしていることが見出せた。

2　学問的示唆

2－1　犯罪社会学研究に対する学問的示唆

本書の学問的意義は、第1章で示したとおり、矯正施設を経た後の少年たちの教育機関における経験を明らかにする点、非行少年の主観にもとづいた少年院出院後の移行過程を描く点、非行からの離脱過程における就労以外の道筋を明らかにする点の三点である。

ここでは本書全体から得られる学問的示唆を記述する。まず犯罪・非行からの離脱研究における社会的要因と認知的変容に対するものである。

第一に、社会的要因に関して述べるならば、教育機関が犯罪・非行からの離脱を促進する可能性を示したことである。これまで繰り返し述べてきたように、先行研究では、非行からの離脱過程における要因には、就労や結婚が有効であることが論じられてきた（Sampson and Laub 1993など）。

しかし、本書を通して明らかになったのは、対教師でも対友人関係であっても、少年たちが教育機関に対してつながりを持つことができたならば、それが犯罪・非行からの離脱につながるということである。つまり、教育機関は非行少年たちに対するインフォーマルな社会統制（Sampson and Laub 1993）として機能する可能性を有していることを本書は明らかにしたといえるだろう。

第二に、非行からの離脱過程におけるアイデンティティの変容とそれに伴う困難を長期的な追跡によりとらえたことである。先行研究においても、犯罪・非行からの離脱にアイデンティティの変容を主張するものはこれまでに多数なされてきた（たとえばMaurna 2001=2013）。本書から示唆されることとしては、少年たちがアイデンティティを変容させようとしたときに困難が生じうるということである。第5章で取り上げたCさんは、教育機関へ移行することで「普通」の高校生のアイデンティティを得ようとしたものの、周囲に受け入れられず、「少年院出院者」としてのラベルが強化されていた。第1章で述べたとおり、Maruna and Farrall（2004）は、犯罪キャリアの過程における小康状態や犯罪のない空白期間を指す一次的離脱と非犯罪者としての役割やアイデンティティを担うようになっていく二次的離脱を区分する必要があるという。この指摘と本書で明らかになったことを踏まえるならば、少年たちが二次的離脱へ移行していくためには、周囲からの承認を必要とするということが示唆される。つまり、二次的離脱は少年自身の力のみでは移行できないものであり、少年自身が非犯罪者としての役割やアイデンティティを担おうとしたとしても、周囲や社会が少年を受け入れなければ、二次的離脱を達成することは困難になる。本書から得られた知見は、犯罪・非行からの離脱における一次的離脱から二次的離脱への移行は、周囲からの承認という条件のもとで成立する可能性が高いということである。

周囲から承認を必要とする点では、Braithwaite（1989）の指摘とも本書の知見は関連するだろう。Braithwaite（1989）は元犯罪者や元非行少年に対する恥の付与の仕方には、再統合的恥の付与（reintegrative shaming）と、排他的恥の付与（disintegrative shaming）の二種類があると指摘する。

再統合的恥の付与の場合、コミュニティは逸脱行為そのものに対しては非難するが、逸脱行為を行った人物が謝罪したり償いをしたりすれば、その人をそのコミュニティに再統合することになる。一方で、排他的恥の付与では、逸脱行為を行った人物にスティグマを貼り、コミュニティから追放することになる。この排他的恥の付与は、再犯や再非行のリスクを高めるものであるとされる。Braithwaite（1989）の指摘を踏まえるならば、少年本人が新しいアイデンティティや役割を獲得したくても、元非行少年であることや少年院出院者であることを理解する環境が周囲になければ、新しい役割を獲得しようとすることは、スティグマを強化する方向へと作用する可能性をはらんでいるといえるだろう。

2－2　教育社会学研究に対する示唆

ここでは、本書から見出せるもう一点の学問的示唆を論じていきたい。これまでに非行からの離脱過程において、非行経験者が教育機関へと移行するプロセスを検討してきたが、彼らが教育機関へ移行していくことは、社会的にはどのような意味を持つことなのだろうか。

ここでは、中村（2011）が主張した「メリトクラシーの再帰性」という概念にもとづいて論じていきたい。それに先立って、メリトクラシーの再帰性を確認しておこう。中村（2011）は、常に自らの妥当性が問い直されるメリトクラシーの性質のことを「メリトクラシーの再帰性」と呼んだ。メリトクラシーの再帰性が高まった後期近代社会は、自己の能力がいかほどのものであるのかということが常に問われる社会だと中村は指摘する。

DさんやGさんが「全日制高校はイヤだが、通信制高校に行く」（第5章）と語ったことや、Cさんが全日制高校を移行先として希望し続けること（第4章、第5章）にみられるように、彼らは「高卒学歴」が社会でどのような意味を持つのかを理解している。だからこそ、彼らは教育機関への移行を選択したとも考えられるのである。このことからは、非行少年にもメリトクラシー社会が浸透してきていることが示唆される。都島（2013b）が指摘したように、非行少年たちは、少年院入院以前の社会を参照しているところがある。つまり、本書におけるCさんが少年院へ入院した際に、「普通の高校生」になることを壊してしまったといっていたように、非行少年も、高校に行くことは当たり前のものと考えている。このことは、学校的価値に反発する反学校文化や、佐藤（1984, 1985）で描かれた暴走族の姿とは異なるものであると考えられる。

本書からは、少年院がメリトクラシー社会の中に取り込まれていることも示唆される。つまり、序章で示した少年院内における高卒認定試験の導入や、少年院に高校教育を導入することは、社会の中で「高卒」の持つ意味を少年院側が参照しているからこそ、生じている現象であると考えられるのである。

これらのことは、メリトクラシーが非行少年や、少年院の中にも浸透していることをうかがわせるものであり、日本社会におけるメリトクラシー社会の広がりを示唆するものである。

3　実践的示唆

3−1　非行少年への処遇に対する示唆

次に、本書の持つ実践的示唆について記述していきたい。本書が持つ実践的示唆は、長所基盤モデルにもとづく非行少年の処遇の有効性である。近年、長所基盤モデルにもとづく非行からの離脱に言及する研究がある（都島 2021）。

長所基盤モデルは、本人がそもそも持っている善き側面（長所・資源）を手がかりに犯罪・非行からの離脱への道筋をつける犯罪者処遇の一つのモデルである（津富 2011）。

Veysey（2008）は、犯罪者や非行少年には、価値のある新しい社会的役割（アイデンティティ）を獲得することで大きな変容が生じるという。そして、新しい役割を支えるためには、新たなスキルを学び、あるいは既存のスキルを整理し、新しい役割を強化する人々の獲得が必要になると論じている。また、Veysey（2008）やVeysey and Christian（2009=2011）は、元犯罪者や元非行少年は、良好な家族関係、仕事、教育、有意義なことをするなど、大多数の市民と同様の目標を志しているという。

本書の知見も長所基盤モデルを支持するものといえるだろう。というのも、本書における研究協力者たちも、教育機関へ移行する目標を持ち、その希望を維持し続けてきた存在であるためである

（第5章）。彼らの教育アスピレーションは、非行からの離脱にとっての資源となっているものと考えられる。

なお長所基盤モデルでは、周囲のかかわりは、本人の問題解決を応援する存在である（津富 2011）。つまり、施設内処遇や社会内処遇を問わず、指導者、支援者側は彼らの資源である教育アスピレーションを尊重することが肝要になるといえるだろう。

しかし、同時に長所基盤モデルにもとづく非行少年の処遇に課題もある。第5章で示したように、Cさんは「少年院出院者」としてのアイデンティティを強化されたのちも、「意地」で修学を継続していた。Cさん自身は中退せずに修学を継続したものの、このように少年たちが葛藤を抱えている場面で、少年たちに修学を継続させることは、少年たちをかえって生きづらくさせてしまう可能性がある。

また、長所基盤モデルを強調しすぎるあまりに、修学の継続が規範化されることも望ましくない。当然ながら、本書における実践的示唆は、非行からの離脱過程において全員に修学を奨励するものではない。

本書においても、再非行により教育機関に通うことができなくなった少年がいたように、非行少年のなかには、教育機関への移行を全く考えられなかった少年や、移行した場合でも修学を続けることができなくなる少年がいることも想定される。そうした少年たちに教育アスピレーションを加熱させるような処遇は望ましくない。

湯浅・仁平（2007）は、若者は「教育による問題解決」を志向しやすくなるが、その志向が将来的にはワークフェアのほうへ狭められていくことへの懸念を論じている。山口（2020）は、教育社会学では、能力を付与する社会化過程を、社会保障のツールとして重視してきたという。しかし、このアプローチでは、能力の獲得という個人の変化を生存保障の条件としてしまう。社会化や選抜・配分という概念に依拠することで、選別的な生存保障へと帰結すると論じている。

本書を、非行からの離脱について教育による問題解決を目指しているものの一つに位置付けることもできるだろう。しかしながら、教育機関に移行しない少年たちの生存保障を無視していいということではない。むしろ、教育機関へ移行する少年もしない少年も、生存保障がなされたうえで、非行からの離脱にもつながるということを主張しておきたい。

3－2　更生保護施設における支援

非行少年たちの生活の場で安心感を抱くことができる場があることも重要である。本書では十分に議論することができなかったが、少年たちの生活の場である更生保護施設も、非行からの離脱を目指す少年にとって重要な意味を持つことになるだろう。

第5章では、トラブルに巻き込まれそうな場面や、再非行への葛藤を抱えた場面で、少年が更生保護施設の施設長の存在を想起していた。このように、更生保護施設のスタッフは彼らを支える重要な存在である。

さらに施設長やスタッフに加え、更生保護施設に在籍する非行少年の存在の重要性を本書ではあげておきたい。都島（2017）は更生保護施設に在籍する少年がスティグマを知覚しながら生活していることを描いている。先に述べたとおり、本書のなかでも、再非行への葛藤や、教育機関でスティグマを再知覚するといったことを少年たちは経験している。本書で彼らが経験した葛藤を、他の在籍少年も経験している可能性が考えられる。

相良（2019）は、薬物依存からの「回復」を目指す民間施設であるダルクは、薬物の再使用を意味するスリップを経験した場合も、無条件で受容してくれる場として存在することを論じている。仮に少年の再非行が発覚した場合は、A更生保護施設に在籍し続けられる保障はないものの、少年同士で「揺らぎ」の経験を共有できる場であるがゆえに、更生保護施設は、犯罪・非行からの離脱にとって有効なものとなりうると考えられる。

4　今後の課題と展望

最後に、本書の課題を四点あげ、今後の展望を述べる。

第一に、本書では、非行からの離脱過程における教育機関への移行を取り上げてきたが、より広範な関係性を含める必要がある。

特に、少年たちの家族関係については、分析に含むことができていない。また、少年たちの社会経済的な状況を把握することができていないため、分析の中に組み込むことができていない。しかし、保護者に経済的な余裕があるために、少年院出院後に少年たちは教育機関へ移行できる可能性も考えられる。今後は、少年たちの家族関係や、社会経済的な背景を含んだ分析が求められる。

第二に、非行からの離脱過程における支援者側の視点を十分に含むことができなかった。非行からの離脱過程においては、法務教官や教師、更生保護施設の職員など、様々なアクターが存在する。法務教官については、補論で若干取り扱うことができたものの、教師や更生保護施設の職員は取り扱うことができなかった。支援者側のかかわりは、彼らの修学の継続や非行からの離脱にどのように作用するか検討される必要がある。

第三に、本書はA更生保護施設に在籍する少年を対象として調査を行ってきたため、少年院出院後、家庭に復帰した少年は研究の対象から外れているということである。少年院出院者の多くは、家庭から就労先や教育機関へ通っている。家庭から教育機関へ修学している少年たちには、A更生保護施設に在籍する少年たちとは異なったメカニズムが働く可能性は十分に想定される。

第四に、より長期的な視点で、非行からの離脱をとらえる必要があるということである。約四年間という期間は、国内では長期的な追跡期間に位置付けられるものである。しかし、Sampson and Laub（1993）、Laub and Sampson（2003）に代表されるような、国外の追跡期間と比較すると、現状では短期間にとどまっているといわざるをえない。

補論　少年院における処遇と出院時の困難
――教科指導に着目して――

1　問題設定

これまで少年たちへのインタビューをもとに、非行経験者が矯正施設退所後に教育機関へ移行する過程を検討してきた。この補論では、少年たちを処遇する立場から、少年院における処遇と出院時における困難を明らかにする。具体的には、法務教官によって報告された事例と法務教官へのインタビューをもとに検討を行っていく。なお、この補論では、少年院内における処遇のうち、教科指導[*1]に着目して検討を行う。

少年院で行われる矯正教育には、犯罪・非行の統制と犯罪者・非行者の再社会化という二重の機能がある（松本 1974）。これまでにも述べてきたように、矯正教育は、生活指導、職業指導、教科指導、体育指導、特別活動指導の五つの分野から構成される（法務省法務総合研究所 2020）。なかでも少年院では、生活指導に重点を置いた指導がなされている（広田 2012: 24）。広田・平井（2012）は、矯正教育の特徴を学校教育との比較で論じている。そこでは、三点の指摘がなされている。すなわち、第一に、少年院は教育的諸活動のスタートや進行が個人によって異なることである。第二に、学校教育が学級を単位とした編成である一方、少年院では集団のメンバーが固定されないため、職員と少年との関係が教育的な活動の中心となっていることである。第三に、学校教育は教科の時間を中心に知識伝達を行うが、矯正教育は各少年が、それぞれの個人史・生活史と向き合い、自分の性格や人生観を含めた「生き方」のレベルで問い直しが求められることである。

すでに述べてきたように、これまでの少年院研究では、主に少年院内における少年の変容に焦点が当てられてきた（広田ほか編 2012など）。たとえば仲野（2012）は、教官と少年の面接場面に着目し、少年と教官との共同による「語り直し」によって、少年が「望ましい」変容へと方向付けられていく様子を描いている。少年と法務教官との関係性という点では、作田（2021）が、少年院入院者への質問紙調査から検討している。作田（2021）は、少年院在院期間が長くなり少年が進級するにつれて、法務教官と少年の関係は、上下関係から相談しやすい相手へと少年の意識のなかで変化することを明らかにしている。

少年院内での具体的な指導場面を検討したものとして、先述した仲野（2012）のほかに、広田ほか（2012）や都島（2021）がある。たとえば広田ほか（2012）では、職業指導の一環として行われているSST（Social Skills Training）の場面に着目し分析を行っている。このように、少年院内部で生じる変容や、職業指導に関する研究の蓄積がなされている。

一方で、教科指導については、これまで注目されることは少なかったといえる[*2]。序章でも述べたとおり、近年、非行少年の学びの継続に対する関心が高まっていることからも、少年院内で修学にかかわる処遇がどのように実践されているのか明らかにする必要があるだろう。したがってこの補論では、少年院内における教科指導に着目して検討を行うこととする。

2　事例の収集とインタビュー調査の概要

2-1　事例の収集

この補論で分析対象とする事例*3について述べる。この補論では、法務教官が報告した事例を取り上げる。事例は、論文記事を対象として矯正図書館OPACを用いて収集した。分析上の関心は、少年院入院から出院後の復学までのプロセスにあるため、それらのプロセスが記載されたケースを分析対象として抽出した。対象となったのは、四報告五事例である（表補-1）。事例における少年は、いずれも男子少年である。なお記載があるものに限られるが、少年の学年はすべて中学二年生である。

表補-1　事例の概要

事例	年（出典）	学年	性別	本件非行
1	2005年（村口ほか）	中学２年	男子	恐喝・傷害
2	2008年（松田）	記載なし	男子	傷害
3	2011年（徳永ほか）	中学２年	男子	窃盗
4	2011年（山田ほか）	中学２年	男子	占有物離脱横領
5	2011年（山田ほか）	中学２年	男子	傷害

分析対象となる事例は、二〇〇五年から二〇一一年にかけて報告されたものである。しかしながら、少年院法が二〇一四年に改正されており、現在、少年院で行われている処遇は当時から変化している可能性もある。そこで次に述べるように、法務教官へのインタビュー調査もあわせて実

施した。

2-2 インタビュー調査の概要

インタビュー調査の研究協力者は、西日本に存在するX少年院*4で法務教官として勤務するA教官*5である。A教官の法務教官歴は約三〇年である。調査は半構造化インタビューの形式で、約六〇分実施した。インタビューは、事前にX少年院長やA教官の許可を得て録音した。その後、逐語録を作成した。

インタビューでは、「どのような目標をもって、少年たちの教科指導や修学支援を行っているか」、「教科指導や修学支援を行ううえで、どのようなことを大切にしているか」、「教科指導や修学支援を行ううえで、どのような困難に直面してきたか」などの点について聞き取りを行った。この補論では、中学生を対象とした教科指導に関する語りを検討する。

先述したように矯正教育は、生活指導、職業指導、教科指導、体育指導、特別活動指導の五つの分野から構成される。X少年院内では、生活指導として日記指導や個別面接などが行われている。このほかにも、職業指導や義務教育段階における少年に対しては教科指導が行われている。X少年院でも高卒認定試験の受験が可能になっており、高卒認定試験受験希望者に向けての対策講座が行われている。

3　少年院における処遇と出院に伴う困難

3－1　少年院入院以前の少年たちの様子

本節では、少年院に入院したときの少年の様子について記述された内容を検討する。特に、少年の学校経験を中心に検討する。まず事例において、どのように記述されているかを確認する。

事例5：小学校時から怠学傾向が認められ、年齢相応の基礎学力が身に付いていない。（山田ほか 2011: 96）

事例1：学校生活においても疎外感、孤独感を強め、教師の指導を無視、反抗し、やりたい放題の生活の中で本件以外にも他生徒への暴行ほか迷惑行為を頻発させた（村口ほか 2005: 147）

上記の二つの事例では、少年たちには怠学傾向があったり、教師に反抗したりするなど、学校生活に対して無関心な状態にあった様子が記述されている。なお事例4においても、「基礎学力の不足が顕著」（山田ほか 2011: 94）と少年は学業不振状態にあったことが記述されている。

それでは、少年院在院者の学校経験について教官はどのように認識しているのだろうか。A教官は、少年たちは「学習する」ことに対する積み上げをしてこなかったという。つまり、事例から示唆されたことと同様に、少年たちは学校生活を、前向きに取り組むことができていなかったものと考えられる。

A教官：まずやっぱり学習をするという、あの、何ですか、普通私だったら小学校のときから宿題してとかやってきたんですけど、そういう、まず積み上げが全くない。で、あの、それに加えて、学校行ってないじゃないですか。

筆者：はい。

A教官：学校行って、学校で座って先生の授業を受けていくという習慣がない。家で一人で自習をするという習慣がない。まあ、そもそも集中力がない。飽きっぽい。で、すぐ、あの、へこたれる。そのあたりじゃないですかね。

このように、学習することから離れた状態にある少年たちを指導する際に、教官はどのようにかかわっていくのだろうか。A教官へのインタビューから、少年とのかかわりについて検討する。

A教官：でもやっぱ、普通のその学校生活から外れたとこにいるわけだから、じゃ、まず学校生活から外れた、で、家庭生活からも外れたその理由がそれぞれあって、それなりの理由ですけれども、じゃ、もう一度小学校一年生に入ったところからやり直していきましょうっていうような気持ちで、ここ（少年院）の生活をさせるっていうことを考えたら、じゃ、あの、座ります、発表するとき手あげますとか、そういうところからだろうなというふうに。

A教官は、少年院に入院する少年たちは、「学校生活から外れたとこにいる」といい、「小学校一年生に入ったところからやり直していきましょうっていうような気持ちで」かかわっていると語っている。すなわち、少年たちが学校や家庭から外れた背景を踏まえながら、少年たちの育ちに合わせたかかわりを行い、「育て直し」（伊藤 2012）を実践しているものと考えられる。

3－2　教科指導の基盤としての生活指導

それでは、実際に少年院内ではどのようにして教科指導が行われているのだろうか。この点については、報告事例の中には記載がないため、A教官へのインタビューをもとに検討する。

少年院で教科指導をするにあたり、教官はどのようなことに重点を置いているのだろうか。

A教官：どっちかっていったら、少年院の中では学力を上げるということよりは、あの、その、授業の中でしたら、ま、ちゃんと、あの、一時間、決められた時間は座っておきましょうとか、あの、与えられた、出された宿題はやりましょうとか、それは外、外に出たときに、職場で、あの、工場に行って、この時間はここの工場で点検をする時間ですよであればやらなければいけない。それと一緒だというふうに、将来に向かったときに、こういうことがここにつながっていくんだよっていうのを教えながら、あの、やっているので、学力を上げるというよりもそもそものところが、あの、結果として学力が上がればもちろんいいなというところかなと。これは私の個人的な考えだと。

A教官は、「結果として学力が上がればもちろんいい」と述べ、教科指導では学力向上のみを意図していないことを語る。A教官は、個人的な考えと留保したうえで、少年院内での教科指導の意義は、少年院出院後に、少年院内で行っていることが実際の社会とどのように関連しているのかを伝えるところにあると述べている。

A教官：少年院だからじゃなくて、その、人として、あの、やるべきことをやりましょうっていうところです。あいさつするとか、人の話は目を見て聞きましょうとか、分かったら返事をしましょう、目上の人には丁寧な言葉でお話をしましょう。そういうことじゃないですか。もう、小学校で習ったようなことですね。少年院だからやることではなくて、人としてやっていくこと、そこだと思います、重視しているのは。

またA教官は指導にあたって、「人としてやっていく」ことを重視していると語る。この語りからは、A教官は教科指導の前提として、生活指導を重視していることが示唆される。少年院では、教科の学習や職業指導についても、取り組み方や態度が特に重視されて評価される（伊藤 2012）と指摘されているが、生活指導を重視するというA教官の語りからも同様のことがいえるだろう。

A教官のインタビューからは、学校生活に対して不適応気味であった少年たちに対して、教科指導の時間を通じて働きかけを行っていることがうかがえる。そして教官の認識としては、その働きかけは学校教育で行われるような知識の伝達を意図したものでは必ずしもなく、少年院で行われる「育て直し」の実践の一つであると解釈できる。

3－3　中学校復学に伴う学校との調整

義務教育段階にある少年は、少年院を出院後、中学校に復学することになる。少年が中学校に復学するにあたって、少年院側は学校側と協議を重ねることになる。これらの過程において、どのような状況が生じており、法務教官たちはどのように対処しているのだろうか。まずは、これまでに報告された事例から確認する。

事例５：被害者側からの抵抗が強いこと、保護者の指導監督が期待できないこと、同中学校に少年院仮退院者を復学させた実績がないこと等を踏まえ、中学校側が被害者と協議した上で決定することとなった。その結果、被害者側の抵抗を理由に中学校側が教育委員会に対して少年の復学に難色を示した。（中略）中学校側は、少年が転校しない場合、在籍はさせるが登校はさせないという方針を示した（山田ほか 2011: 96）

事例５では、在籍する中学校が少年の復学に対して難色を示したことが示されている。その理由として、被害者からの抵抗があることや、保護者の指導監督が期待できないこと、これまでに少年院仮退院者の復学の事例がないことがあげられている。そして、少年が転校しない場合は、中学校に在籍はさせるが、登校はさせないという方針が示されたことが記述されている。

他方で、仮に中学校に復学することができた場合であっても、その後の学校生活が問題なく送れるとは限らない。

事例３：「学校に行かなければならない」という意識はあるが、実際に登校すると居場所がないと感じることが多い。教室にいると他の少年と雑談になり、授業の妨げとなることから、先生に出ていくよう言われ、時に口論になってしまうことがある。それを避けるため授業中は別室で待機するよう言われている。（徳永ほか 2011: 44）

事例4：仮退院後、在籍中学校に復学したものの、違反制服、調髪で教室に入れず、保護者も何ら少年の問題行動に対策を講じないまま中学校や保護司任せとし、結果として放任した。少年自身も不良仲間に対する依存心が払拭できず、不良交友を再開し、実父の体罰を恐れて再び無断外泊を繰り返すようになった。その結果、仮退院から三か月足らずで少年院送致となった。（山田ほか 2011: 95）

事例3、事例4はともに在籍していた中学校に戻ることができた事例だが、事例3は教師とトラブルを起こし、別室待機になっている。事例4も、校則違反で教室に入室することができなかったことが記述されている。このように少年を中学校に復学させる場合、学校側には問題行動の再発などの不安があることがうかがえる。

次に、A教官の語りを検討する。A教官は、少年を学校へ戻すときが「一番難しい」といい、学校側から「帰ってこないでほしい」と、少年の復学に難色を示された経験があることを語っている。

A教官：学校でいい子だったわけではないので、学校としては戻ってきてほしくないわけですよ。で、あの、冬休み明けてからで、帰ってくるのは冬休み明けてからでいい、それまで帰ってこないでほしいなんていうところをおっしゃられるところも、まあ、普通にあるので。そういうところと、こっちはまあ、国の施設で、私たちも法律にもとづいてやっているので、学校がそう言うから、じゃ、冬休みまで置いときますとかいうのはできるかって、そういうわけでもないので。うん。

A教官は、少年院に入院している少年たちは「学校でいい子だったわけではない」といい、学校側には「戻ってきてほしくない」と思われていると語る。つまり、少年が少年院に入院した時点で、学校でも問題行動を起こしている可能性が高く、学校に戻ってきたとしても再び問題行動を起こさないとも限らない。そのため、事例でも示されたように、学校側は復学に難色を示すものと考えられる。

A教官：うん。できない中で、あの、まあ、（少年院は）規則もかっちりしているし、まず外出かけないんで、その中でできるようになったということについては（学校の）先生たちも分かる、分かってくれます。すごいな、成長したな。でも、じゃ、それが、そういうの全部はじゃない、（少年院の規則から）外れた中に戻ってくる。で、自分たちの学校の生徒たちは受験勉強真っ只中、もうやっている。そのときに、本当にこの子が戻ってきて、ちゃんと一緒に同じように受験勉強に入っていけるのか、この一年間学校いなかったのに。それをご心配される先生方も、もう、当たり前だと思うので、先生方の気持ちは分かる。（中略）だから、早いうちから学校の先生とは、あの、面会であったりとか、いろんな形で連絡を取ったり、取り合いながら、ここ（少年院）での職員との関係もつくっていかなきゃいけないなと、お互いに情報交換できるようになる状況じゃないと難しいだろうなとは思います。

A教官は、教員側の不安を理解できるとしたうえで、出院以前の関係づくりをできる環境の必要性を語っている。

このように、少年が学校に戻る際には、学校側が難色を示すなど、困難が生じている様子がうかがえる。他方で、学校が少年を必ずしも拒絶していないことがA教官のインタビューからうかがえる。

筆者：あの、学校の先生は、割とこう、来られますか、少年院には。

A教官：学校によりますけどね。本当によく来られて、あのー、勉強の面倒まで、あの、見られる先生もいますし、今はここじゃないんですけど、昔々の話やったら、あの、学校の先生が面会のときに、あの、プリントとか持ってきて、その面会時間が授業時間みたいなような感じでする先生もいらっしゃいました。いろんな先生がいらっしゃいますけど。ま、来られますよ、学校は。

筆者：そうですか。

A教官：放置してるみたいなところはないと思います。

事例とインタビューからは、少年が実際に中学校へ復学するにあたって、学校側の理解を得ることが困難な場合があることがうかがえる。それは、インタビューでも語られたように、学校側の「戻ってこないでほしい」という意見にも現れているだろう。しかしながら、少年を必ずしも拒絶しているわけではない。学校側としては、復学した際に周囲の友人などに与える影響などを考慮すると、少年の復学を積極的には肯定しづらいジレンマに置かれていることが推察される。

3－4　家庭との調整

少年が中学校に復学するに当たっては、帰住先である家庭との調整が必要になる。なぜなら『令和二年版犯罪白書』によれば、二〇一九年の少年院出院者のうち、男子の約七八％、女子の約七三％で、家族が出院時の引受人になっているからである。このことを踏まえるならば、中学校に復学するにあたり、家庭との調整は不可欠であるといえる。また少年が復学する場合、少年院と家庭のみではなく、学校と家庭との調整も必要になるが、事例では家庭と学校との調整に困難を伴う様子が示されている。

> 事例4：少年の父親が学校側に非協力的・攻撃的で、今後の少年の指導に不安があるといった理由で少年の復学に消極的であった（山田ほか 2011: 95）
>
> 事例1：学校側の保護者に対する不信感は相当に根強く、また、保護観察所との連絡も十分に取れていない状況にあった。
>
> 事例2：保護者と学校側の溝は深く、保護者は少年をかばう一方で、公然と学校批判を繰り返してきた（松田 2008: 114）

三つの事例からは、家庭が学校側に非協力的であったり、家庭に対する学校側の不信感があったりするなど、学校と家庭との対立が大きい様子が確認できる。当然ながら、非協力的な家族ばかりではないということもできる。しかしながら、五事例のうち三つの事例で、家族との調整の困難さが記述されていることは、注目に値する。また、A教官も中学校への復学にあたって、家庭の存在の重要さを述べている。

A教官：ああ、おっきいと思いますよ。結構ね、あの、学校行くってなったら、授業はそのままだし。うん。親がやっぱやらないと進まないことがたくさんあるので、家族はおっきいですね。で、学校の先生も家族と接していかなければいけないじゃないですか。ここ（少年院）はいつでもどこまで入れるわけではないので。保護者の方が学校の先生、こう、「学校の先生なんて」っていうような保護者の方やったら、そういうふうになっていかないんで、学校、保護者、少年院、まず三つのところがうまく連動しなかったら。

少年の復学に当たっては、学校、家庭、少年院の連動性が必要であるとA教官は述べている。そして、家庭が「やらないと進まないことがたくさんある」と語るように、少年が中学校に復学するにあたって、家庭の持つ影響力は大きいことがうかがえる。

4　まとめと考察

この補論の目的は、法務教官がこれまでに報告した事例と法務教官へのインタビュー調査をもとに、少年院における処遇と出院時の困難を明らかにすることであった。この補論で明らかになったことは、以下の四点である。

第一に、少年院に入院した少年たちは、作田（2020）で指摘されていたように、学校生活への意欲が低いことが明らかになった。このような学校体験を持つ少年たちに、法務教官は少年たちの背景を理解したうえでのかかわりを実践していた。

第二に、少年院で行われる教科指導は、必ずしも学力向上だけを意図したものではないことが明らかになった。法務教官へのインタビューでは、特に生活指導を重視した指導を行っていることが語られた。この背景として考えられることは、少年院では非行性の除去が優先される内容であるということである。

第三に、少年が中学校に復学しようとする際に、少年院と学校側との調整で困難が生じうる場合があることが明らかになった。

第四に、少年が復学を行う場合、学校と同様に家庭との調整が必要であり、家庭との調整においても困難が生じ得ることが明らかになった。

以下では、主に三点目と四点目について考察していく。

まず、三点目に関する考察である。少年が中学校に復学するに当たって、学校側に不安があることは、法務教官のインタビューの中でも語られたように、当然のことではある。この負担の解消のために必要なことは、インタビューの中でも語られていたように、相互の情報交換を綿密にしていくことであろう。他方で、丁寧な情報交換を行おうとすればするほど、法務教官、教員双方の負担増加につながる可能性がある。両者の負担を軽減する方法の一つとして、他の専門職との連携があげられる。現在、少年院に社会福祉士が配置されるようになってきている。社会福祉士は、出院後の住居の確保、就労等の調整支援などを行っている（北川・長尾 2021: 210）。復学の場合、家庭や復学先の学校との調整を社会福祉士が担うことで、法務教官の負担が軽減する可能性がある。他方、学校にもスクールソーシャルワーカーの配置が進められている。スクールソーシャルワーカーが、学校と家庭との調整や問題行動への対応を行うことで教員の負担を軽減させる可能性を持っている*6。

次に四点目に関する考察を行う。この補論の事例から、少年への中学校復学に際して、家庭との調整が困難な状況が生じ得ることが明らかとなった。このような家庭の環境が必ずしも安定しているとはいえない状況にある場合は、山田ほか（2011）が述べているように、他の機関との連携を含めた多角的な家族支援体制を検討していく必要がある。

他方で藤間（2011: 81）が指摘するように、非行少年の「再社会化にあたって家族が担いきれない機能を社会の側が代替する」ことも検討する必要があるだろう。このような機能を有する機関として考えられるのが、更生保護施設であろう。安定した居住環境を提供するという意味では、更生保護施設は、家庭の有効な代替機関として機能する可能性がある。しかし、全国に一〇三施設ある更生保護施設の中で、少年のみを対象とするのは二施設のみであり（二〇二一年八月一日現在、全国更生保護法人連盟（2021））、少年の受け皿は少ない。また、更生保護施設に在籍すること自体が、少年へのスティグマを知覚させることにつながる可能性もあることに留意する必要があるだろう。

最後に今後の課題を述べる。この補論では、法務教官によって報告された事例と法務教官へのインタビューをもとに中学校への復学事例を検討してきたが、少年院による修学支援の実態の一部を明らかにしたに過ぎない。たとえば、少年院出院者の中には出院後に、少年院在籍時には取得できなかった高卒認定試験科目を受験する少年もいるが、彼ら／彼女らの実態は、本稿では触れることができていない。また学校側が抱えるジレンマについては、データ上の限界もあり十分に検討できていない。そのため、今後はさらなる調査にもとづいた詳細な修学支援の実態把握を含めた分析を行う必要がある。

注

＊1　本稿における教科指導は、中学生に対して行われる義務教育指導を対象としたものである。

＊2　森田（1981）は、少年院の教科指導における教育課程について検討しているが、実際の指導場面にもとづいた分析がなされているわけではない。

＊3　報告された事例は、法務教官個人としての報告ではなく、少年院としての報告という意味合いを持つものとされる。

＊4　個人情報の特定を避けるため、少年院の種別など詳細な情報については記載していない。

＊5　現在A教官は教科指導の授業を担当していないが、X少年院内で教科指導にかかわる事務的な取りまとめを担当している。

＊6　連携する機関が増えることで、かえって連携することが困難になる可能性も考えられる。

あとがき

本書は、二〇二二年三月に京都大学大学院教育学研究科より博士（教育学）の学位が授与された博士論文「非行からの離脱過程における教育機関への移行——更生保護施設在籍者へのインタビュー調査から」に加筆・修正を行ったものです。

各章のもとになった論文の初出一覧は下記のとおりです。

序　章　書き下ろし
第1章　書き下ろし
第2章　書き下ろし
第3章　書き下ろし
第4章　大江將貴（2021）「少年院の経験と進路希望の形成——高校進学希望者に着目して」『現代の社会病理』36: 85–102.
第5章　大江將貴（2019）「非行少年の『復学』のプロセス——更生保護施設在籍者へのインタビュー調査をもとにして」『司法福祉学研究』19: 81–99.
終　章　書き下ろし

補　論　大江將貴（2022）「少年院における処遇と出院時の困難――教科指導に着目して」『京都大学大学院教育学研究科紀要』68: 205-218.

本書における調査の実施に当たっては、公益財団法人日工組社会安全研究財団二〇一九年度若手研究助成を受けました。

＊＊

本書を書き上げるまでに多くの方にお世話になりました。まず、調査を引き受けてくださったA更生保護施設のみなさまです。初めてA更生保護施設に伺ってから五年以上が経過しました。施設長さんをはじめ、スタッフの方々、在籍者のみなさまは、いつも私を温かく迎え入れてくださりました。七名の研究協力者の方々は、インタビューを快く引き受けてくださったうえに、毎回貴重なお話を聞かせていただきました。改めて心より感謝申し上げます。

お忙しいところ調査にご協力いただいた院長先生やA教官をはじめとするX少年院のみなさまにも感謝いたします。

そして、大学での先生方の指導がなければ本書のもととなる博士論文を完成させることはできませんでした。

博士後期課程の指導教員である岡邊健先生（京都大学教授）は、博士論文の完成まで熱心に指導してくださいました。手のかかる学生だったと思いますが、博士論文の完成まで引っ張ってくださいました。論文の指導のみならず、「立ち直り」に関する研究会（立ち研）やISRD-JAPANといった共同研究にお誘いいただいたり、児童自立支援施設や少年院へ見学に行ったりと貴重な機会を与えてくださいました。今になって振り返ってみれば、博士後期課程に進学する一年前に、岡邊先生が京都大学に着任されていたことは、私にとってあまりにも幸運なことでした。

博士後期課程進学時から三年間ゼミでご指導いただいた岩井八郎先生（京都大学名誉教授）や、博士論文の審査を引き受けてくださった高山敬太先生（京都大学准教授）、石井英真先生（京都大学准教授）、久保田真功先生（関西学院大学教授）にも感謝いたします。

修士課程の指導教員を務めていただいた伊藤秀樹先生（東京学芸大学准教授）には、修了後も折に触れてアドバイスをいただきました。修士課程在籍時は、インタビューの仕方からデータの分析方法、論文の執筆まで丁寧に指導していただきました。伊藤先生も私が修士課程に進学する一年前に東京学芸大学に着任されていました。修士課程で先生に指導していただけたことが、どれほど恵まれていたかを博士後期課程に進学した後に改めて実感しました。

同じく東京学芸大学教育社会学領域の腰越滋先生、金子真理子先生にも授業や口頭試問で大変お世話になりました。

大学院を東京で過ごすきっかけをくださったのは、学部時代の指導教員である前田晶子先生（現・東海大学教授）でした。当時、鹿児島から出ようとする気がなかった私に、「せっかく大学院に行くなら関東や関西で一度勉強したほうがいい」というアドバイスをしてくださいました。卒業後も常に気にかけていただき、励ましていただきました。

前田先生のほかにも、当時の鹿児島大学教育学部教育学専修の先生方には在学中のみならず、卒業後もお世話になりました。小柳正司先生（現・島根県立大学教授）、髙谷哲也先生、廣瀬真琴先生、杉原薫先生に感謝申し上げます。

京都大学大学院教育学研究科教育社会学研究室のみなさまからいただいたコメントや京阪非行研究会や非行研究会、ECCRNでの議論は、本書を書き上げるうえで重要なものばかりでした。

最後に、陰ながら私を支え続けてくれた両親に心から感謝します。

本書の刊行にあたり、晃洋書房の阪口幸祐さんと井上芳郎さんにお世話になりました。お二人とも原稿を丁寧に読んでくださり、出版に向けた様々なアドバイスをいただきました。記して感謝の意を申し上げます。なお、本書の刊行にあたっては、令和四年度京都大学人と社会の未来研究院若手出版助成を受けました。

二〇二二年九月一九日

大江將貴

《著者紹介》

大江 將貴（おおえ　まさたか）

1991年　福岡県生まれ

2022年　京都大学大学院教育学研究科博士後期課程修了　博士（教育学）

現　在　京都大学大学院教育学研究科　研究員

専門は教育社会学・犯罪社会学

主要業績

「非行少年の『復学』のプロセス――更生保護施設在籍者へのインタビュー調査をもとにして」『司法福祉学研究』19号（2019年）

「少年院の経験と進路希望の形成――高校進学希望者に着目して」『現代の社会病理』36号（2021年）

学ぶことを選んだ少年たち

――非行からの離脱へたどる道のり――

2023年２月20日　初版第１刷発行

著　者　大江將貴©

発行者　萩原淳平

印刷者　河野俊一郎

発行所　株式会社 晃洋書房

京都市右京区西院北矢掛町７番地

電話　075(312)0788番㈹

振替口座　01040-6-32280

印刷・製本　西濃印刷㈱

装幀　野田和浩

ISBN 978-4-7710-3704-5

文　献

新谷周平，2002，「ストリートダンスからフリーターへ——進路選択のプロセスと下位文化の影響力」『教育社会学研究』71：151-170.

Becker, Howard S., [1963] 1973, *Outsiders: Studies in the Sociology of Deviance*, New York: The Free Press.（村上直之訳，2011，『完訳 アウトサイダーズ——ラベリング理論再考』現代人文社.）

Blomberg, Thomas G., William D. Bales, Karen Mann and Alex R. Piquero, 2012, "Is Educational Achievement a Turning Point for Incarcerated Delinquents Across Race and Sex?," *Journal of Youth and Adolescence*, 41(2): 202-216.

Blomberg, Thomas G., William D. Bales, Karen Mann, Alex R. Piquero and Richard A. Berk, 2011, "Incarceration, Education and Transition from delinquency," *Journal of Criminal Justice*, 39: 355-365.

Blomberg, Thomas G., William D. Bales and Courtney A. Waid, 2009, "Educational Achievement among Incarcerated Youth: Post-Release Schooling, Employment, and Crime Desistance," Joanne Savege ed., *The Development of Persistent Criminality*, New York: Oxford University Press, Inc., 250-267.

Bottoms, Anthony, Joanna Shapland, Andrew Costello, Deborah Holmes and Grant Muir, 2004, "Towards Desistance: Theoretical Underpinnings for an Empirical Study," *The Howard Journal*, 43(4): 368-389.

Braithwaite, John, 1989, *Crime, Shame and Reintegration*, New York: Cambridge University Press.

知念渉，2013，「非行系青少年支援における『男性性』の活用——文化実践に埋め込まれたリテラシーに着目して」『部落解放研究』199：41-52.

知念渉，2018，『〈ヤンチャな子ら〉のエスノグラフィー——ヤンキーの生活世界を描き出す』青弓社.

Cullen, Francis T., James D. Unnever, Jennifer L. Hartman, Michael G. Turner and Robert Agnew, 2008, "Victims and Offenders Gender, Bullying Victimization, and Juvenile Delinquency: A Test of General Strain Theory," *Victims and Offenders*, 3(4): 1-29.

Doherty, Elaine Eggleston and Margaret E. Ensminger, 2013, "Marriage and offending among a cohort of disadvantaged African Americans," *Journal of Research in Crime and Delinquency*, 50(1): 104-131.

Farrall, Stephen, 2014, "The Mechanics of Studying Desistance from Crime: An Exemplar of a Qualitative Longitudinal Research Project," Stephen Farrall, Ben

Hunter, Gilly Sharpe and Adam Calverley, *Criminal Careers in Transition: The Social Context of Desistance from Crime,* Oxford: Oxford University Press, 70-92.

Farrall, Stephen, Ben Hunter, Gilly Sharpe and Adam Calverley, 2014, *Criminal Careers in Transition: The Social Context of Desistance from Crime,* Oxford: Oxford University Press.

Farrington, David P. and Donald. J. West,1995, "Effects of Marriage, Separation and Children on Offending by Adult Males," John Hagan Eds., *Current Perspectives on Aging and the Life Cycle: Vol. 4 . Delinquency and Disrepute in the Life Course,* London: JAI Press, 249-281.

藤田英典，1980，「進路選択のメカニズム」山村健・天野郁夫編『青年期の進路選択』有斐閣，106-129.

Furlong, Andy, and Fred Cartmel, 1997, *Young People and Social Change,* Berkshire: Open University Press.（乾彰夫・西村貴之・平塚眞樹・丸井妙子訳，2009，『若者と社会変容――リスク社会を生きる』大月書店.）

Giordano, Peggy C., Stephen A. Cernkovich and Jennifer L. Rudolph, 2002, "Gender, Crime and Desistance: Toward a Theory of Cognitive Transformation," *American Journal of Sociology,* 107(4): 990-1064.

Goffman, Erving, 1961, *Asylums: Essays on the Social Situations of Mental Patients and Other Inmates,* New York: Doubleday and Company, Inc.（石黒毅訳，1984，『アサイラム――施設被収容者の日常世界』誠信書房.）

Gottfredson, Michael R. and Travis Hirschi, 1990, *A General Theory of Crime,* California: Stanford University Press.（大渕憲一訳，2019，『犯罪の一般理論――低自己統制シンドローム』丸善出版.）

原田豊，1991，「1970年生まれコホートの非行経歴――2　学校不適応の影響に関するイベント・ヒストリー分析」『科学警察研究所報告防犯少年編』32(1)：38-52.

Harada, Yutaka, 1995, "Adjustment to School, Life Course Transitions, and Changes in Delinquent Behavior in Japan," John Hagan, ed., *Current Perspectives on Aging and the Life Cycle: Vol. 4 . Delinquency and Disrepute in the Life Course,* London: JAI Press, 35-60.

長谷川裕，1993，「生活困難層の青年の学校『不適応』――彼らはそれをどう体験しているか」久冨善之編著『豊かさの底辺に生きる――学校システムと弱者の再生産』青木書店，107-145.

秦政春，1984，「現代の非行・問題行動と学校教育病理」『教育社会学研究』39：59-76.

林明子，2016，『生活保護世帯の子どものライフストーリー――貧困の世代的再生産』

勁草書房.
平井秀幸, 2014,「『回復の脚本』を書くのは誰か？」『支援』 4 : 153-158.
平井秀幸, 2015,『刑務所処遇の社会学――認知行動療法・新自由主義的規律・統治性』世織書房.
平井秀幸, 2016,「犯罪・非行からの『立ち直り』を再考する――『立ち直り』の社会モデルをめざして」『罪と罰』53(3) : 70-88.
広田照幸, 2012,「日本における少年院の教育手法」広田照幸・古賀正義・伊藤茂樹編『現代日本の少年院教育――質的調査を通して』名古屋大学出版会, 17-41.
広田照幸・平井秀幸, 2012,「少年院処遇に期待するもの――教育学の立場から」広田照幸・古賀正義・伊藤茂樹編『現代日本の少年院教育――質的調査を通して』名古屋大学出版会, 42-61.
広田照幸・古賀正義・伊藤茂樹編, 2012,『現代日本の少年院教育――質的調査を通して』名古屋大学出版会.
広田照幸・古賀正義・村山拓・齋藤智哉, 2012,「指導過程の構造――集団指導と個別指導の関係に着目して」広田照幸・古賀正義・伊藤茂樹編『現代日本の少年院教育――質的調査を通して』名古屋大学出版会, 214-240.
Hirschi, Travis, 1969, *Causes of Delinquency,* California: University of California Press.（森田洋司・清水新二監訳, 2010,『非行の原因――家庭・学校・社会へのつながりを求めて 新装版』文化書房博文社.）
Hirschi, Travis and Michael Gottfredson, 1983, "Age and the Explanation of Crime," *American Journal of Sociology,* 89(3): 552-584.
Horney, Julie, D. Wayne Osgood and Ineke Haen Marshall, 1995, "Criminal Careers in the Short-Term: Intra-Individual Variability in Crime and Its Relation to Local Life Circumstances," *American Sociological Review,* 60(5): 655-673.
法務省, 2021,「更生保護施設とは」, 法務省ホームページ,（2022年1月16日取得, https://www.moj.go.jp/hogo1/kouseihogoshinkou/hogo_hogo10-01.html）.
法務省法務総合研究所, 2011,『平成23年版犯罪白書――少年・若年犯罪者の実態と再犯防止』.
法務省法務総合研究所, 2020,『令和2年版犯罪白書――薬物犯罪』.
法務省法務総合研究所, 2021,『令和3年版犯罪白書――詐欺事犯者の実態と処遇』.
法務省矯正局・保護局, 2019,「保護観察・少年院送致となった生徒の復学・進学等に向けた支援について」.
稲葉浩一, 2012,「『更生』の構造――非行少年の語る『自己』と『社会』に着目して」広田照幸・古賀正義・伊藤茂樹編『現代日本の少年院教育――質的調査を通して』名古屋大学出版会, 139-165.
稲葉浩一, 2019,「『寮の子』としての少年院生――寮を基盤とした『集合的個性』に

着目して」『犯罪社会学研究』44：82-96.
乾彰夫編，2013，『高卒5年 どう生き，これからどう生きるのか——若者たちが〈大人になる〉とは』大月書店.
伊藤秀樹，2017，『高等専修学校における適応と進路——後期中等教育のセーフティーネット』東信堂.
伊藤茂樹，2012，「少年院における矯正教育の構造」広田照幸・古賀正義・伊藤茂樹編『現代日本の少年院教育——質的調査を通して』名古屋大学出版会，64-99.
岩木秀夫・耳塚寛明，1983，「高校生——学校格差の中で」『現代のエスプリ195 高校生——学校格差の中で』至文堂，5-24.
門脇厚司・陣内靖彦編，1992，『高校教育の社会学——教育を蝕む〈見えざるメカニズム〉の解明』東信堂.
香川めい・児玉英靖・相澤真一，2014，『〈高卒当然社会〉の戦後史——誰でも高校に通える社会は維持できるのか』新曜社.
苅谷剛彦，1991，『学校・職業・選抜の社会学——高卒就職の日本的メカニズム』東京大学出版会.
片桐隆嗣，1992，「教師——生徒関係固定化のメカニズム」門脇厚司・陣内靖彦編『高校教育の社会学——教育を蝕む〈見えざるメカニズム〉の解明』東信堂，105-134.
河合直樹・窪田由紀・河野荘子，2016，「児童自立支援施設退所者の高校進学後の社会適応過程——複線径路・等至性モデル（TEM）による分析」『犯罪心理学研究』54(1)：1-12.
Kazemian, Lila, 2007, "Desistance from Crime: Theoretical, Empirical, Methodological, and Policy Considerations," *Journal of Contemporary Criminal Justice,* 23(1): 5-27.
吉間慎一郎，2021，「就労支援からキャリア支援へ——新自由主義化する労働市場と犯罪者処遇の克服」『犯罪社会学研究』46：91-104.
城所章子・酒井朗，2006，「夜間定時制高校生の自己の再定義過程に関する質的研究」『教育社会学研究』78：213-233.
King, Sam, 2013, "Early Desistance Narratives: A Qualitative Analysis of Probationers' Transitions towards Desistance," *Punishment & Society,* 15(2): 147-165.
北川裕美子・長尾貴志，2021，「少年院における福祉的支援——実践現場からはどう見えているのか」少年の社会復帰に関する研究会編『社会のなかの「少年院」——排除された子どもたちを再び迎えるために』作品社，203-225.
清永賢二，1984，「少年の再非行化過程と学校問題」『教育社会学研究』39：43-58.
古賀正義，1992，「非進学校教師の教育行為」門脇厚司・陣内靖彦編『高校教育の社

会学――教育を蝕む〈見えざるメカニズム〉の解明』東信堂，149-168.
古賀正義，2001，『〈教えること〉のエスノグラフィー――「教育困難校」の構築過程』金子書房.
久保田真功，2004，「いじめへの対処行動の有効性に関する分析――いじめ被害者による否定的ラベル『修正』の試み」『教育社会学研究』74：249-268.
久保田真功，2011，「マンガに見られる暴走族――なぜ青少年は暴走族マンガに惹かれるのか？」『人間発達科学紀要』 6(1)：49-61.
Laub, John H., Daniel S. Nagin and Robert J. Sampson, 1998, "Trajectories of Change in Criminal Offending: Good Marriages and the Desistance Process," *American Sociological Review*, 63(2): 225-238.
Laub, John H. and Robert J. Sampson, 2001, "Understanding Desistance from Crime," *Crime and Justice*, 28: 1-69.
Laub, John H. and Robert J. Sampson, 2003, *Shared Beginnings, Divergent Lives: Delinquent Boys to Age 70*, Cambridge: Harvard University Press.
Maruna, Shadd, 2001, *Making Good: How Ex-Convicts Reform and rebuild their lives*, Washington D.C.: American Psychological Association.（津富宏・河野荘子監訳，2013，『犯罪からの離脱と「人生のやり直し」――元犯罪者のナラティヴから学ぶ』明石書店.）
Maruna, Shadd and Stephen Farrall, 2004, "Desistance from Crime: A Theoretical Reformulation," Kölner Zeitschrift für Soziologie und Sozialpsychologie, 43: 171-194.
松田高明，2008，「置賜学院における就学支援としての復学調整について」『日本矯正教育学会大会発表論文集』44：113-114.
松本良夫，1974，「矯正教育について」『東京学芸大学紀要第1部門』25：121-133.
松嶋秀明，2005，『関係性のなかの非行少年――更生保護施設のエスノグラフィーから』新曜社.
Matza, David, 1964, *Delinquency and Drift*, New York: Wiley John and Sons, Inc.（非行理論研究会訳，1986，『漂流する少年――現代の少年非行論』成文堂.）
McGloin, Jean Marie, Christopher J. Sullivan, Alex R. Piquero, Arjan Blokland and Paul Nieuwbeerta, 2011, "Marriage and Offending Specialization: Expanding the Impact of Turning Points and the Process of Desistance," *European Journal of Criminology*, 8(5): 361-376.
Merriam, Sharan B., 1998, *Qualitative Research and Case Study Applications in Education*, California: Jossey-Bass, Inc.（堀薫夫・久保真人・成島美弥訳，2004，『質的調査法入門――教育における調査法とケーススタディ』ミネルヴァ書房.）
耳塚寛明，1980，「生徒文化の分化に関する研究」『教育社会学研究』35：111-122.

見田宗介，1963，「現代における不幸の諸類型」北川隆吉編『現代社会学講座Ⅵ 疎外の社会学』岩波書店，21-72.

Moffitt, Terrie E., 1993, "Adolescence-Limited and Life-Course-Persistent Antisocial Behavior: A Developmental Taxonomy," *Psychological Review*, 100(4): 674-701.

文部科学省，2013，「高等学校卒業程度認定試験合格者の企業等における扱いに関する調査の結果について」(2022年1月17日取得，https://www.mext.go.jp/b_menu/houdou/25/01/1330270.htm).

文部科学省，2019，「『再犯防止推進計画』を受けた児童生徒に係る取組の充実について」.

森田祥一，1981，「教科に関する指導」朝倉京一・佐藤司・佐藤晴夫・森下忠・八木國之編『日本の矯正と保護 第2巻 少年編』有斐閣，187-199.

森田洋司，1991，『「不登校」現象の社会学』学文社.

麦島文夫・松本良夫，1967，「1942年生れ少年における非行発生の追跡的研究（第2報）――非行発生と少年の出身階層および教育歴との関連」『科学警察研究所報告防犯少年編』8(2)：9-15.

麦島文夫・松本良夫，1968，「1942年生れ少年における非行発生の追跡的研究（第3報）――中学時の活動と非行発生」『科学警察研究所報告防犯少年編』9(1)：33-44.

麦島文夫・松本良夫，1973，「出身階層，教育上の進路と非行発生――2つのコーホートの分析」『科学警察研究所報告防犯少年編』14(1)：55-63.

村口征司・立花明光・三木豪，2005，「保護観察調整指導の一環としての復学調整」『日本矯正教育学会大会発表論文集』41：146-149.

中村高康，2011，『大衆化とメリトクラシー――教育選抜をめぐる試験と推薦のパラドクス』東京大学出版会.

仲野由佳理，2012，「少年の『変容』と語り――語りの資源とプロットの変化に着目して」広田照幸・古賀正義・伊藤茂樹編『現代日本の少年院教育――質的調査を通して』名古屋大学出版会，108-138.

仲野由佳理，2017，「少年院から社会への移行における更生保護施設の役割――更生保護施設職員の語りにみる『矯正教育における変容』のその後」『教育学雑誌』53：33-48.

仲野由佳理，2018，「物語装置としての更生保護施設――困難を契機とした〈変容の物語〉の再構成」『犯罪社会学研究』43：72-86.

仲野由佳理，2021，「少年院ではどんなことがなされているのか」岡邊健編『犯罪・非行からの離脱』ちとせプレス，79-106.

西田芳正，1996，「文化住宅街の青春――低階層集住地域における教育・地位達成」谷富夫編『ライフ・ヒストリーを学ぶ人のために』世界思想社，149-178.

西田芳正，2010，「貧困・生活不安低層における子どもから大人への移行過程とその

変容」『犯罪社会学研究』35：38-52.
西田芳正，2012，『排除する学校・排除に抗する学校』大阪大学出版会.
野村駿，2018，「なぜ若者は夢を追い続けるのか――バンドマンの『将来の夢』をめぐる解釈実践とその論理」『教育社会学研究』103：25-45.
岡邊健，2013，『現代日本の少年非行――その発生態様と関連要因に関する実証的研究』現代人文社.
岡邊健・小林寿一，2005，「近年の粗暴的非行の再検討――『いきなり型』・『普通の子』をどうみるか」『犯罪社会学研究』30：102-118.
大多和直樹，2000，「生徒文化――学校適応」樋田大二郎・耳塚寛明・岩木秀夫・苅谷剛彦編著『高校生文化と進路形成の変容』学事出版，185-213.
大多和直樹，2001，「地位欲求不満説再考――上層：生徒文化・下層：若者文化モデル試論」『犯罪社会学研究』26：116-140.
大多和直樹，2014，『高校生文化の社会学――生徒と学校の関係はどう変容したか』有信堂高文社.
大山昌彦，1998，「ダンシング・イン・ザ・ストリート――茨城県A市におけるロックンロールをめぐる民族史」『社会人類学年報』24：29-51.
大山昌彦，2009，「暴走族文化の継承――祭り・改造車・ロックンロール」五十嵐太郎編著『ヤンキー文化論序説』河出書房新社，185-201.
Rohlen, Thomas P., 1983, *Japan's High Schools,* California: University of California Press.（友田泰正訳，1988，『日本の高校――成功と代償』サイマル出版会.）
相良翔，2013，『更生保護施設のエスノグラフィー――「問題」・「変容」・「処遇」を焦点に』公益財団法人日工組社会安全研究財団2012年度若手研究助成調査報告書.
相良翔，2015，「更生保護分野における就労支援の現状と課題」『職業リハビリテーション』28(2)：30-35.
相良翔，2017，「更生保護施設在所者の『更生』――『更生』における自己責任の内面化」『ソシオロジ』62(1)：115-131.
相良翔，2019，『薬物依存からの「回復」――ダルクにおけるフィールドワークを通じた社会学的研究』ちとせプレス.
相良翔，2020，「『贖罪の脚本』は頑健な物語たりうるか――ある更生保護施設在所少年の語りからの考察」水津嘉克・伊藤智樹・佐藤恵編著『支援と物語の社会学――非行からの離脱，精神疾患，小児科医，高次脳機能障害，自死遺族の体験の語りをめぐって』生活書院，31-59.
酒井朗，2015，「教育における排除と包摂」『教育社会学研究』96：5-24.
酒井朗編著，2007，『進学支援の教育臨床社会学――商業高校におけるアクションリサーチ』勁草書房.
作田誠一郎，2020a，『いじめと規範意識の社会学――調査からみた規範意識の特徴と

変化』ミネルヴァ書房.
作田誠一郎, 2020b,「非行少年の教師観と学校生活に関する実証的考察」『社会学部論集』71：15-33.
作田誠一郎, 2021,「少年院における非行少年と法務教官の関係性と変容――アンケート調査の分析から」『社会学部論集』72：1-19.
Sampson, Robert J. and John H. Laub, 1993, *Crime in the Making: Pathways and Turning Points through Life,* Cambridge: Harvard University Press
Sampson, Robert J. and John H. Laub, 1995, "Understanding Variability in Lives Through Time: Contributions of Life-Course Criminology," *Studies on Crime and Crime Prevention,* 4：143-158.
Sampson, Robert J., John H. Laub and Christopher Wimer, 2006, "Does Marriage Reduce Crime? A Counterfactual Approach to Within-Individual Causal Effects," *Criminology,* 44(3): 465-508.
佐々木洋成, 2000,「価値規範と生活様式――ヤンキー少年にみる職業・進路選択の契機」『年報社会学論集』13：239-251.
佐藤郁哉, 1984,『暴走族のエスノグラフィー――モードの叛乱と文化の呪縛』新曜社.
佐藤郁哉, 1985,『ヤンキー・暴走族・社会人――逸脱的ライフスタイルの自然史』新曜社.
志田未来, 2020,「中学生の逸脱をめぐるエスノグラフィ――インタラクション・セットを手がかりとして」『教育社会学研究』107：5-26.
志田未来, 2021,『社会の周縁を生きる子どもたち――家族規範が生み出す生きづらさに関する研究』明石書店.
Shover, Neal, 1985, *Aging Criminals,* London: Sage.
只野智弘・岡邊健・竹下賀子・猪爪祐介, 2017,「非行からの立ち直り（デシスタンス）に関する要因の考察――少年院出院者に対する質問紙調査に基づいて」『犯罪社会学研究』42：74-90.
竹内洋, 1995,『日本のメリトクラシー――構造と心性』東京大学出版会.
田中奈緒子・藤田武志・伊藤茂樹, 2021,「少年院における修学支援」少年の社会復帰に関する研究会編『社会のなかの「少年院」――排除された子どもたちを再び迎えるために』作品社, 175-201.
田中理絵, 1998,「養護施設における子どものスティグマに関する研究」『教育社会学研究』42：155-170.
徳永慶志・高巣倫郎・山本訓央・戸塚智史, 2011,「復学調整の事例について」『四国矯正』65：39-45.
藤間公太, 2011,「『非行と家族』研究の展開と課題――背後仮説の検討を通じて」『慶應義塾大学大学院社会学研究科紀要』72：71-87.

Tripodi, Stephen J., Johnny S. Kim and Kimberly Bender, 2010, "Is Employment Associated with Reduced Recidivism?," *International Journal of Offender Therapy and Comparative Criminology*, 54(5): 706-720.

都島梨紗，2013a，「少年院の教育――ロールモデルの変容過程に注目して」『東海社会学会年報』5：96-107.

都島梨紗，2013b，「少年院における非行少年の変容――少年院教育と非行仲間との連続性に着目して」『教育社会学研究』92：175-195.

都島梨紗，2015，「少年院教育の処遇経験とインフォーマルな社会集団――非行少年の仲間集団の在り方に着目して」『現代の社会病理』30：87-105.

都島梨紗，2016，『どのようにして非行から足を洗うのか――少年院出院者の就労獲得プロセスの追跡調査を事例として』公益財団法人日工組社会安全研究財団2015年度若手研究助成調査報告書.

都島梨紗，2017，「更生保護施設生活者のスティグマと『立ち直り』――スティグマ対処行動に関する語りに着目して」『犯罪社会学研究』42：155-170.

都島梨紗，2021，『非行からの「立ち直り」とは何か――少年院教育と非行経験者の語りから』晃洋書房.

津富宏，2011，「犯罪者処遇のパラダイムシフト――長所基盤モデルに向けて」日本犯罪社会学会編『犯罪者の立ち直りと犯罪者処遇のパラダイムシフト』現代人文社，62-77.

内田康弘，2015，「サポート校生徒は高校中退経験をどう生き抜くのか――スティグマと『前籍校』制服着装行動に着目して」『子ども社会研究』21：95-108.

打越正行，2019，『ヤンキーと地元――解体屋，風俗経営者，ヤミ業者になった沖縄の若者たち』筑摩書房.

Uggen, Christopher, 2000, "Work as a Turning Point for Criminal Offenders: A Duration Model of Age, Employment, and Recidivism," *American Sociological Review*, 65(4): 529-546.

湯浅誠・仁平典宏，2007，「若年ホームレス――『意欲の貧困』が提起する問い」本田由紀編『若者の労働と生活世界――彼らはどんな現実を生きているか』大月書店，329-362.

Veysey, Bonita, M., 2008, "Rethinking Reentry," *The Criminologist*, 33(3): 1-5.

Veysey, Bonita, M. and Johnna Christian, 2009, "Moments of Transformation: Narratives of Recovery and Identity Change," *Japanese Association of Sociological Criminology*, 34: 7-31.（上田光明翻訳・津富宏監訳，2011，「変容の瞬間――リカバリーとアイデンティティ変容のナラティヴ」日本犯罪社会学会編『犯罪者の立ち直りと犯罪者処遇のパラダイムシフト』現代人文社，11-40.）

Warr, Mark, 1998, "Life-Course Transitions and Desistance from Crime,"

Criminology, 36(2): 183-216.
渡部真，1982，「高校間格差と生徒の非行的文化」『犯罪社会学研究』7：170-185.
Willis, Paul, 1977, *Learning to Labour: How Working Class Kids Get Working Class Job,* London: Ashgate.（熊沢誠・山田潤訳，1996，『ハマータウンの野郎ども――学校への反抗，労働への順応』筑摩書房.）
Wright, John Paul and Francis T. Cullen, 2004, "Employment, Peers, and Life-Course Transitions," *Justice Quarterly,* 21(1): 183-205.
山田高志・星野亮毅・畑和輝，2011，「最近の中学校への復学調整事例から見た関係機関の連携の在り方について」『日本矯正教育学会大会発表論文集』47：94-97.
矢島正見，1996，『少年非行文化論』学文社.
山口季音，2013，「『被害者』による暴力の肯定的な受容に関する考察――異年齢の生徒集団における『通過儀礼』としての暴力」『教育社会学研究』92：241-261.
山口毅，2012，「少年の演技と『自己』への信頼――〈演技〉はどのように把握され対処されるのか」広田照幸・古賀正義・伊藤茂樹編『現代日本の少年院教育――質的調査を通して』名古屋大学出版会，166-187.
山口毅，2020，「生存保障への教育社会学的アプローチの失敗――逸脱の政治パースペクティヴによる規範的考察」『教育社会学研究』106：99-120.
吉田美穂，2007，「『お世話モード』と『ぶつからない』統制システム」『教育社会学研究』81：89-109.
米里誠司，1992，「学業成績と非行との関連に関する研究――3．学業成績が少年の非行に及ぼす影響に関する分析」『科学警察研究所報告 防犯少年編』33(2)：42-50.
全国更生保護法人連盟，2021，「更生保護施設の概況」更生保護ネットワークホームページ，（2022年1月16日取得，https://www.kouseihogo-net.jp/hogohoujin/institution.html）.